The pilgrimage path toward
women's body

The pilgrimage path toward
women's body

women's body

女，

# 走往身體的朝聖

女性覺醒，社會創業，正向月經。

林念慈
Lin Nien Tzu

推薦序一

# 讓自己成為了自己的樣子

／楊力州（金馬紀錄片導演）

謝謝念慈這本書，讓我有機會學習認識自己的方法。一直在紀錄片的路上，我總是拿起攝影機去觀察及紀錄著他人，在紀錄的過程中，明白那些吸引我的人們，好似有些線條連結到自己的部分，但我總是撥除這樣的探知，把全部的心念都放在被攝者的身上。這段期間，閱讀書中念慈的每一段生命的探索，她總是把自己放在土地上，充分的感受每一個細微。愚昧的我，此刻才眞實的將心緒漂移到自己此刻或過往的作品，其實每一刻的自己都順應心流，讓自己成爲了自己的樣子。無關男女，我們都需要深刻的感受及體悟，這本書的文字對我而言是個開始，相信對讀者們也是。

推薦序二

# 與月經對話

／黃韻如（臺大醫學系教授，D-School 社會創新研究中心主任，月經課主授講師）

「在動物界只有靈長類有月經。」我在防疫旅館看著連線螢幕裏，台大獸醫系蔡沛學老師正在博雅教學館爲這一學期的月經通識課開啟序幕。

「與人類女性不同的是，非人的靈長類並非一進入青春期可以排卵之後就會來月經。」

「母猩猩的月經是在大約三十五歲的時候才開始，而月經一直會持續來到個體死亡之前。」

沛學老師繼續講著在野外與人工圈養的靈長類動物在月經的差異，我則是開始想著，雖說母猩猩的平均壽命也比人類女性來得短，月經在牠們的生命所佔的時間也沒有人類女性來得長，但如果人類女性能像母猩猩一樣，到生命結束之前都能保有月經而不需要經歷更年期，世界會是什麼樣子呢？

有許多理論試圖解釋月經在演化上的意義，而這些理論終究無法推展出月經之於人類女性獨特的意義。而當我讀到念慈的文字，月經之於人類女性的獨特意義，瞬間清晰立體了起來。念慈從她的初經經歷展開了一連串自我與月經的對話，而開啟她對於月經付諸行動的啊哈瞬間，也是一場在菩提樹下與尼泊爾村莊婦女的對話。在布衛生棉工坊的工作開展之後，「對話」也成為這一場賦權行動能在場域中被廣為理解與認同的關鍵。

或許，月經之於人類的獨特意義，就是在於開啟對話？

……………………

「透過正向的對話，這些禁忌的話題被打開了，唯有在教育與理解後才會有改變的開始。」

念慈書中的這句話對我而言有著深深的共鳴。

二〇二一年九月，正當世界還在與疫情拉扯時，我在臺灣大學開了一堂月經通識課。正式的課名其實叫

「月經：理論、思潮與行動」，只不過大家都用「月經課」來代稱。這堂月經通識課的設計，是建立在跨領域的對話上，課程從月經的科學與醫學理論出發，進一步談月經這個議題在社會、文化、宗教、法律各個脈絡下的會面臨到的問題，也帶出這個世界面對月經可以產生什麼行動。

我在課堂上告訴大家，月經課希望帶來的，是人們能開始談論月經、學習月經、聆聽月經、支持月經。讓學習者能夠對月經產生對話，是月經課最大的核心目標。一個學期下來，有些人回家跟媽媽開始聊月經，有些人開始去思考如何建構對月經更友善的環境，有些人終於能對自己的月經困擾釋懷，有些人決定加入倡議團體的月經行動。

而這一切，都是從開啟月經的對話開始的。

「與月經對話」這個概念，在念慈的書中展現出最鮮明生動的，就是她與身體的對話，與土地的對話，也與形形色色的女性之間的對話。

讀著念慈在尼泊爾、希臘、義大利對於身體療癒與覺醒的經歷，我既是驚艷又生羨慕，不知道自己在更年期來到之前能不能有那樣程度的覺知。而同樣令我感動不已的，是念慈在大殿上的月經教育，「修行中的女性」計畫，布衛生棉貼近這個群體需求的呼應是如此地真實。

……………………

臺大博雅教學館那頭的線上月經課告一段落，我關上電腦螢幕準備迎接晚餐的同時，月經來了。古時的女人，「在滿月時排卵，在新月時流血」，念慈書中的專欄文「在子宮內的四季，依循自然萬物的頻率」談到女人的月經週期與月亮的盈虧是連動的。

這一個月經與月相連動的概念，專研生理時鐘的中央研究院黃雯華老師在她的「月經亂了」的課堂中也提到過。的確，現代社會無所不在的「光害」，不僅打亂生理時鐘，也打斷了女性與月光的連結。

元宵節剛過，按照念慈書中的規律，現在的我應該在排卵期而不是流血，我的月經週期果然跟月相脫鉤。我躺在防疫旅館的木地板上，嘗試著要跟念慈一樣來「曬子宮」，但窗外熙攘的車流與閃亮的燈光，怎樣就不是個能進入「與月經對話」的背景設定。

我從地板上爬起來，放棄了這個讓身體覺醒的實驗，有點小洩氣。

轉頭看到月經課的工作夥伴傳來的訊息，她們竟然也不約而同地都來了月經！這眞是宇宙給人最大的安慰，我們的月經竟然跟著月經課連動，或許這就是我所需要的「曬子宮」與月經對話的方式吧！畢竟，宇宙終究會安排那最純全的豐盛，不是嗎？

推薦序三

# 順應生命河流皆為與自身相遇

／賴樹盛（全球在地行動公益協會秘書長、資深國際發展工作者）

很喜歡念慈書本開頭裡的這段話，「人生很多的時刻，心裏都有一種不知道的知道；遠行只是帶領自己，走上內心的朝聖之路，所有的相遇，都是為了遇見自己。」

我和念慈有著相似的生命軌跡，我漂流於泰緬邊境，她佇留在尼泊爾山村，同樣珍視著潛藏心底的渴望；許多人總會好奇，為什麼我們願意到一個遠方國度，過著好像很困苦的生活，做著幫助陌生人的事？

他人眼裡看似走岔路的異鄉遊子，但相信念慈和我一樣，心中早已明白我們何其幸運，走進了人生的另一個「心故鄉」；每趟探索旅程所至之處，皆引領了我們覺察內在、順應當下，坦然學習如何安頓身心。即使曾跌撞出了不少傷慟，仍尋回了最眞實的自身樣貌。

這些年每次與念慈的難得聚首，我總能驚喜感受到她的變與不變，過去我可能說不上來那是什麼，原來在念慈誠摯而自在的田野記述裡，全然地展露與閱讀者無私分享。

如她寫道：「我體驗到最需要做的事，最需要準備的態度，也就只有『眞誠』而已，眞誠於當下每個發生，眞誠於對人的交流，眞誠面對如初的自己—也就是看見自己的本來面目。」

身為一位生理男性，我感到非常欣喜能夠閱讀此書，更羨慕起念慈順著大地之母的生命河流，藉由關注身心、公益創業、僻靜體悟、佛法修習的全然投入，逐步走向女性身心靈的朝聖之路。

無論是從念慈身上或閱讀此書，你皆能體會每位女性展現的自主力量，以豐饒創造力發散出來的光與熱，將看似不可能的一切化為可能，並用各種形式孕育著這個美麗動人的大地。

謝謝念慈給予的祝福：「心中有愛，有安定。」

推薦序四

# 自己是座聖殿——必當頂禮膜拜

／張瑋軒（女人迷創辦人／暢銷作家）

念慈捎來訊息問：「瑋軒，你願意爲我的書寫推薦序嗎？書預計會在春分上市。」二話不說，我連書都還沒看，我便說「當然。」

一般是一定要先看看書，再回應能不能推薦的。但是念慈的書，我知道肯定只有她所相信的，而她相信的，恰巧也是我相信的——深刻覺醒，眞誠坦率，尋根探究，成爲改變，順應自然。在這本書裡，透過六個卷章：創、行、女、流、根、在。每一個篇章，我都深有所感，念慈說這是一條走往身體的朝聖之路，從創業之初到最終，念慈的每一步不只在改變世界，也都在更靠近自己。其實，看完這本書，你就知道，其實改變世界不需要創業，你只要更認識自己，更認識土地，更認識自己的根，你就在改變世界。

我很喜歡念慈在這本書裡採集的聲音。「我們不會讀書和寫字，但是我們懂得如何在田地上寫字。」尼泊爾農場女主人這樣說。我彷彿看見，也能聽見，那個爽朗的笑聲，然後念慈談到尼泊爾人的垃圾量很少。不知道爲什麼，這樣的故事，很吸引我。我們居住在同一個地球，在海的另外斜斜的一端，也有這樣的一片地方，我們同樣作爲地球人，我們能不能有不同的生活方式和對世界的理解？

這是一場朝聖之旅啊。很多人的朝聖之旅是從西班雅開始的聖雅各之路，也有些人的朝聖是一定要去往麥加或拉薩，但眞正的朝聖從來不在他方，而是能不能在這一路上，知道自己就是所有旅程的起點和終點，在這一路上知人會死所以知我們該如何生。所以順應自然，這世界上沒有一片葉子不會凋零，沒有任何一朵花不會謝，但也是沒有不會亮的黑夜，和沒有不會融化的冰雪。

推薦念慈的書，簡簡單單，深深刻刻，有聲有影，有死有生。喔，別忘了，除了朝聖之路，我們自己就是座聖殿，必當頂禮以拜才對。

## 推薦序五

# 女子如花，立定成佛／劉崇鳳（作家／舞者／自然引導員）

她和她的名字一樣，林念慈——森林，念念，慈悲。

用土地一般的溫柔，化作和煦的行動和文字，遍灑甘露於世間。聽起來很佛系，才不，不是那樣，沒那麼自在如意，其間得看清多少窠臼框架，痛苦承認自身盲點，將生命過程中遭逢的不適不合貶抑或卑微，慢慢推轉爲成長的韌勁，才能伏首寫出那麼一點東西，站出來說：女，走往身體的朝聖。

那是一次湊巧的機緣，念慈的妹妹邀請我北上到她們老家開辦一場滿月的自由舞蹈工作坊，當日我借宿她們家一宿，甫結束一日工作坊的我不無疲態，念慈走來，問我：「要泡澡嗎？我去幫妳放洗澡水！」

記得她溫暖平靜的眼，我受寵若驚，暗自忍抑心底的歡呼：「眞的？」她笑得自在：「當然，還可以點妳喜歡的蠟燭喔……」

除了母親，生命中似乎不曾有別的女性爲我放過洗澡水。那滋味奇特，總覺得哪裡怪怪的，卻又一點不違和。那天的念慈極其日常，不是梵唱時發散祥和之氣的她、亦非開創女人圈或僻靜營充滿力量的她、更不是棉樂悅事工坊那睿智練達的老闆，那一天的她，就是林家協助母親煮飯、準備午茶、以及爲講師放洗澡水的女兒，我歡喜遇見這樣的她，落地紮根的面容如鄰家姊妹。「我感謝疫情，讓妳回來台灣！」拉著她這麼嚷嚷，謝謝她作爲代表飛往世界各地，匯集各種啟發性的經驗，照見陰性力量之能。而後回來島嶼，告訴台灣的女生：是的，妳們足夠、妳們可以！

但對象（或此書讀者）眞的只限女性嗎？不是的，我永遠記得那場爲滿月和女性開設的舞蹈工作坊，有個男人來參與，深深震動了我。他的氣質一看就是女性，卻爲生理男性，他對自己如是接受，他想參與、想看見身體與情感的動能，所以他來，全然投入，其回饋讓我驚豔，補足並豐盛了全體，我眞心感激他的出現。跨越了性別，每個靈魂都在尋找相應之道，若能遇到另一個靈魂有相似的振動，或合聲、或共舞，都是絕美的交織。

禮儀或教條聽來生硬，從小我們在既定規範下長大，爲了符合這社會的集體安全所需，然而正因個體有其獨特性，單一標準無法適用於所有人，於是有壓抑與苦澀的變形階段，被迫離開、出走、開創、再歸返，然後將這繞走世界一大圈所得到滋養與恩惠，回饋予原生社會。

這一本書，約莫是在這樣的動力下誕生。

「妳這本書，其實不是在講旅行、也不是什麼個人自傳，要傳達的是女性自覺的重要性，關乎自信與自愛的覺醒吧！」我與念慈這樣剖析。「對對對，那要怎麼樣，才能簡單明瞭地讓人們接收到這樣的訊息呢？」念慈爲書名想破了頭。

親愛的，再精準的書名都無法即刻校準。正因這世界對於女性身體的刻板印象與評價是如此根深柢固，而我們也有我們的狹隘和侷限，只能不停不停地散播與分享，堅信漣漪會擴散，水滴石穿，只要不忘記流動，匯流再匯流，總有一天，滔滔長河會切割出壯麗的大峽谷。

舒暖的早晨，兩人一起散步至離家不遠處的早餐店用餐，店內裝潢極其美式，兩個年輕女生（快四十了我仍覺得我們如此年輕）挑揀了一個晨光斜映的座位，我被曬得熱了，爲燦爛朝陽調整百葉窗的密合度，念慈說：「我跟妳換位置吧！」碎念著一直以來就喜歡曬太陽，「讓我感覺一下……」她把自己移到陽光底下一會兒，「嗯，這熱度可以！」看著她無畏改變並迅速找出當下的平衡，之於一個體貼他人也誠實面對自身感受的女子，如某種指引，僅僅如此，我便感覺到安全與踏實。

快樂無聲，如靜水流深。那是一頓平靜且深刻的早餐，店內播放著老套聖誕節的水晶音樂，兩個女子交換著內在各種矛盾糾結的探問，關於情感、信念、書寫以及歸屬……一拋一接，訴說與聆聽。說到痛處，她怔怔流下眼淚來，帶著某種覺悟、某種決絕，如果可以，誰不想要平淡安然穩定過日子？但總有股莫名的動力推著我們向眞實探問，認清自身，而離開世間慣性法則（比如結婚、生子、做一個賢內助……），我怔怔望著她，精準地抓到了體內深處湧升上來的嘆息，不是遺憾，是嘆爲觀止。

正因對內在眞我的探索如此專注與誠實，不顧一切地探尋與釐清，才令人心折。然而眞我在哪呢？在重重的揭發、認清與接納裡。這麼深沉的交會中，那老套的耶誕水晶音樂竟成了重要背景，以及兩份好好吃的早餐，繽紛溫暖的夾層吐司與熱奶茶是那麼實在地接住了我們，關於女性難言的生命秘境。

未曾想過多年後，與念慈這樣交會。

那是什麼時候初聞這個名字的？掐指一算，十年了。當年旅居花蓮的我走入一間手作坊，遇見布衛生棉，帶著驚奇與惶惑，膽戰心驚地想像使用這東西得親手清理體內流出來的血……才意識到自己對女性身體的迴避與負評。好奇怪，我對自身天然的流動，感到汙穢、噁心、眼不見爲淨？泰半青春歲月我將自己打扮成帥氣的中性外型以冀求外在肯定，「厭女」是什麼我未曾覺察。而布衛生棉是念慈的志業，彼時她創立「棉樂悅事」工坊召集尼泊爾村落婦女製作布衛生棉——什麼樣的女人能這麼堂而皇之地在國外創業，還不辭勞苦飛往世界各地，演講、座談或帶領手作布衛生棉工作坊？十年前，我對這位女子相當好奇。

十年後，遇見了這本書，在字裡行間看見她如何將身體視作一片森林，用念茲在茲的慈悲走入其間朝聖——我喜歡她，人如其名，書如其人。

今生有幸，身爲女人。如果可以，我們相約，一起完整自己，才可能完整所屬的這個社會。

# 目錄

## 行，走往世界的朝聖

## 女，走往身體的朝聖



## 流，生命的河流

## 根，回溯母地



## 在，生命的大僻靜

前言

# 所有的相遇，都是為了遇見自己

曾經有一位靈修的朋友回應我說：

「你過去有二十六世在尼泊爾生活過；

當過修行人，某王朝的公主，甚至有一世還是天神！

這就是爲何你在這片土地上，會感到特別的熟悉與安定。」

我聽了當下眼淚直流。

原初的提問是：

爲何我跟尼泊爾的緣份如此深？
爲何我一直會想要回來？

人生很多的時刻，心裡都有一種不知道的知道；
因爲只有心一直催促著上路，至於爲何要做，一開始其實不知道。

我在二十七歲時，在遊歷過許多國家後，終於踏上尼泊爾這片土地。
有一天在村落裡，一場在菩提樹下、女人間的對話，改變了我的人生。
那是我第一次聽聞，有女人因爲月經的污名與陋習而受到苦難，甚至被歧視，我深受震驚，並體驗到一股憤怒與不公平之氣從內在深處發出。
我告訴自己：想爲尼泊爾的這群女人做些什麼……

二十九歲離開工作七年的NGO，卸下國際志工發展工作的角色，在尼泊爾創立了棉樂悅事工坊，工坊以梵文Dharti Mata（大地母親）爲名，希望邀請女人重新與大地母親連結，與自己的內在循環（月經）連結。我所遇見的村落女性，無比的充滿力量，與土地深深的連結著，婦女們生養孩子，種出巨大的花椰菜、白蘿蔔、各式季節蔬菜，餵養著一家子，自創業以來，我一直在找尋女性賦權（Women Empowerment）在尼泊爾這塊土地上的實踐方式。

我在加德滿都谷地外的山村，開始了小小的布衛生棉工坊，生產起布衛生棉，應邀到各地辦理月經教育工作坊，足跡甚至到了三、四千公尺海拔的喜馬拉雅山上的女尼寺院。

因爲創業，也開始了月經教育，第一個實驗者就是自己：
我跟自己的月經關係如何？何謂女性力量？何謂陰性力量？

爲了找答案，我去希臘小島參加女人營；
到日本屋久島的海邊，參與了月全蝕的滿月音樂季；
無數次前往印度生態村 Auroville 向布衛生棉姊妹組織 Eco Femme 請益；
最後在不丹的山上與上師不期而遇。

深深感受到一切的遠行，
也只是帶領自己，走往內心的朝聖之路，
所有的相遇，都是爲了遇見自己。

這一路上峰迴路轉，二〇一五年遇見了尼泊爾大地震，大難不死，災後蓋起了竹子屋，提供村民中繼之家，儘管如此，布衛生棉工坊在震後十天便復工；在二〇二〇年遇見了全球新冠肺炎疫情，被困在尼泊爾封城長達半年多。似乎是宇宙的安排，在這全球性的困局之中，所有的工作停擺，工坊的縫紉機也無限期地停歇下來。在練習無所事事的空檔，因緣際會與西藏瑜伽行者相遇，開始了每日的佛法課，以及藏文的學習。

通常，我不做長遠的規劃，因爲知道世事難料，沒有想到宇宙全都幫我精心安排好了，因緣聚合，一個接著一個的發生，事後回想，處處是奇蹟的安排。

順應生命的河流，
我走在由心帶領的路上，
一切都是面對自己的過程。
找回自己後，
就可以慢慢發出溫度，
用適合自己的方式在地球上發光。

引言

# 從初經說起

當我還是小女孩的時候，每週六都要去上肢體課，課程的內容包括：武功、芭蕾、現代舞、即興舞蹈。大多數童年的週六午後，都在這四種主題的課程中度過，我最期待的是芭蕾舞和即興舞蹈，最不喜歡的是武功課。

小學五年級的某週六，就在上武功課前，我和其他女孩們在狹小灰暗的更衣室內，又推又擠的換衣服，當我褪去內褲，瞥見一灘血，我嚇到了，趕緊換上武功課深藍色的束腰武打褲，索性不去理會我的血，盡快的讓自己逃離到武功課的蹲馬步、十三聲響、雙腳分別高舉擊打手心的精準動作，一邊動作，一邊吆喝出聲音、哈出氣來。

就在這些英勇雄威的武打動作下，一群女孩們從腹部丹田吆喝發出的勇猛聲音中，我的下體也逐漸濕潤，黏答答的液體，持續摩擦著我的大腿，一股噁心又害怕的感覺，被我一股腦兒壓在強大有力的武功課之下。我赤手空拳、揮舞著雙手，深蹲馬步站穩軸心，但心中想的卻是：我的童年即將離我遠去了，一種近乎莫名的被瞬間推入急速成長的世界。

回到家中，讓媽媽看我的內褲，媽媽帶著驚訝又憐惜的表情說：「怎麼這麼快就來了啊！」彷彿我過快的成長發育以一種難以掌控的速度在前進，倒是兩個妹妹非常具好奇心，帶點羨慕的姿態，似乎期許著自己的月經快快來。母親拿出了一直藏在衣櫃深處的衛生棉，教我如何使用——從小我就一直疑惑著，在媽媽衣櫥裡、一包包比尿布還要小的東西，到底是什麼呀？如今我終於把它墊在下體乘載著初經——眞是難用啊！身體抗議著，心裡也抗議著。

對於衛生棉，一直很討厭又不太會用——這應該可以回溯到我從小就不喜愛包尿布及穿內褲的歷史。小六時，面對突如其來的經痛，若是在學校，當經痛起來受不了時，就會打電話給媽媽想請假回家，有一次媽媽來學校接我，我一看到她就哭了起來，一種對於身體不知所措的痛，一種討厭自己急速長大的痛，當時也不知道到底從哪裡聽來的，聽說小孩的身高只會長到月經來，心裡很怕自己長不高，胸部又太小……

在我經期期間，父親會特別訂購桑椹汁，用很熱的開水泡桑椹汁要我緩緩地喝下去，現在回憶起初經，就會想起不用上課的午後，人癱在馬桶上，無法分辨到底是用力大便造成的痛，還是出於子宮的痛；以及癱軟在床上，喝著熱熱的、深紫色的桑椹汁。

## 默默的開始跟月經說話

打從一開始，月經和我就好像建立起一連串厭惡的關係——經痛、外漏在學校的制服裙上、躺在高中健保室的病床上敷著熱水袋沉沉睡去，醒來又是一灘血水在床墊上，不知所措地跟保健室的阿姨說對不起、把外漏的制服裙從背面移到前面，設法不要被別人發現……這種幾乎完全跟喜悅無法沾上邊的月經關係，就這樣跟隨著我直到出社會。

剛出社會那幾年，剛好我的大妹跟夏威夷人談戀愛，小妹去加州留學，她們每次返國都會帶回不同顏色的棉條，有淡紅色、黃色和紫色的包裝，我到日本旅行或出差時，也會趁機好好採購一番，我愛上了棉條那種俐落及清爽方便的感覺，彷彿讓我開始在月經來潮時佔了上風，棉條堵注了經血的四溢，看不見的紅被飽滿吸附在棉條中；面臨經痛時，我也愛上了止痛藥，子宮的各種感覺感受，靠藥物壓制它的出現。當月經來臨時，最好是不要看到、不要感覺到，快快度過這幾天就好了。我喜愛棉條的程度像是發現新大陸一般，有機會就到處向周遭的姊妹淘獻寶，也一直盤算著自己使用的量——這些海外的舶來品，可不能太快用完啊！

我在二十多歲時的工作，常常需要帶領國際志工到亞洲各國從事社會服務計畫，回到臺灣往往只能休息一天甚至只有半天，隔天就必須要上班。有好幾次，當我帶完團隊計畫，準備飛回臺灣，在轉機機場或飛機升上空中時，我的身體就會開始生病，下體也開始流血了，彷彿是完成一場大任務後，身體一稍微放鬆，病痛就來了，經血也乖乖地選擇在我回臺灣的那天，或開始可以鬆懈時才會找上門。起初我覺得相當意外，以爲全是巧合，後來才領悟到……喔！原來「妳」知道我的行程，莫非「妳」是在體諒我嗎？

意會到這種微妙的連結，我開始默默嘗試跟月經說話：

「妳能不能過兩天再來？妳能不能等我回到臺灣再來？」

我確定，月經來潮眞的是可以溝通的喔！

## 我的第一片布衛生棉

有一年我跟伴侶Y去印度旅行，趁著在新加坡轉機，順道玩上個幾天。

月經來潮時，我的性慾都容易增長，某天晚上正沉浸在性愛的美好，我卻突然從床上彈跳了起來，大喊：

「我的棉條在裡面啦！」接著用力推開伴侶的身體，衝進浴室，坐在馬桶上使勁的把棉條「生」出來——那又臭又滿的棉條，不知道待在身體深處多少小時了，我完全忘了這個過度吸收棉條的存在！

在用力「生」出這個被男人陰莖推入陰道深處的棉條後，我驚恐地看著它，並開始疑惑起我們之間的關係？

從此以後，我多了一個警惕，內心小劇場不時就會上演著：我該不會哪一天在異地被送進醫院，勞駕醫生、護士用夾子幫我取出一個卡在陰道深處中腐臭、被遺忘的棉條吧？

那趟以棉條塞住作爲開場的驚恐旅程，隨後來到了南印度美麗的曙光村（Auroville），我的心情一方面在整個旅程中不斷的開闊展開中，另一方面，我的下體則像是受到驚嚇的少女，關閉了起來，生氣了，開始發炎發腫，啟動了防護大門，拒絕任何外物入侵——包括我的經期好朋友棉條。

在曙光村期間，巧遇來自臺灣的女性友人，在異地的同鄉人一下子就混熟了，我敞開心懷，難為情的述說了陰道發炎的窘境，沒想到新朋友居然隨身帶著一種神奇的草藥粉，只要塗抹在下體，腫脹發炎的症狀就會減輕，我半信半疑的嘗試看看，畢竟真的很不想冒險在印度看婦科。使用後，發癢發腫的症狀果真減輕了，但時好時壞，在兩週的行程內，身體反覆的感染，每當夜晚回到旅社還是感覺不舒服時，就只好請伴侶到友人家求助，伴侶必須在人生地不熟的生態村騎打檔車穿越黑壓壓的一片森林，幫我帶回這神奇的藥粉。

有一天，我們在曙光村的雜貨店亂晃，伴侶很興奮的拿起了一個特別的產品在我眼前晃。這是我初次與布衛生棉產品相遇，粉紫色的、非常的小巧可愛，外包裝採用牛皮紙，封面畫著，清洗布衛生棉的血水，可以用來澆花，還畫上可愛的小盆栽淋上經血。我看著這個產品出神，心中滿是疑問：這真的可以用嗎？不過對於當時不能再使用棉條的我，真心覺得這真是太棒的設計了，我找到新的經期好朋友了。從此之後，這片美麗的紫色小布棉，開啟了我人生巨大的轉變，我也踏上與月經和解，重新連結的女性療癒之路。

## 轉角遇上月亮杯

我的第一個月亮杯是粉紅色的 Diva Cup，Diva 意指神聖的女神，姑且稱作它是女神杯。這個女神杯陪我和伴侶一起來到了尼泊爾。（註一）

在草創布衛生棉工坊的初期，我跟伴侶住在山區的有機農場，我們的小房間連床架都沒有，睡覺時地板鋪上厚重的棉床褥，再蓋上當地的手工被子加上睡袋，直接睡在地板上，在冬天很冷的夜裡，窩在停電漆黑的房間裡，僅有月光照明，晚上常有老鼠在房間地板上出沒，在天花板上跑馬拉松。有天，月經來了，我想起了女神杯，想到終於要邀請女神第一次進入我的陰道，心裏相當興奮又帶點緊張，在行李堆中翻來翻去終於找到了，不過我神聖的女神杯，居然被老鼠吃了很多口，露出許多缺角，相當震驚的我，只好拿起又放下，自始至終這個缺角的女神杯都被我保留著，爲創業初期一籮筐的笑話增添起厚度。

而後我還是不死心的悼念著女神杯，我跟伴侶在週末時從山村搭公車回到加德滿都，入住進 Freak Street（怪人街，一九六〇～七〇年代嬉皮聚集的地方）的小旅社，讓身心稍微放鬆一下，放完行李後出去走走，一下樓就發現轉角有一個小巧的 organic Café（有機咖啡廳），充滿了異國風情的壁畫及可以席草蓆而坐的小臺階。帥氣的尼泊爾老闆上前與我們攀談，尼泊爾人超級愛問：「你來尼泊爾旅行嗎？做什麼工作啊？」當時深深覺得——創立布衛生棉工坊——這種令人疑惑的工作，而且又是對尼泊爾男性說，應該是相當難以理解，沒想到我一說出口，老闆的大眼爲之一亮，他說：「我女朋友是德國人耶！她跟我正在推廣月亮杯，而且我還在咖啡店隔壁開了一間小店，取名爲：organic cup，就在我的 organic Café 隔壁！明天就要正式營業囉！」我們立馬走出咖啡店，往隔壁的店招牌一看，確實是偌大的 organic cup，背景圖還是一匹瀟灑的白馬，我立刻跟這位新朋友買了一個月亮杯，當天正巧也是月經來潮的第一天，我在洗淨杯子後，試圖把它塞入陰道，「不是太舒服，不過似乎也進去了」——怎麼說起來很像是在描述第一次性愛的經驗呢？

我身體帶著月亮杯，跟著伴侶去了附近的古城廣場用餐，難得享用稍微有情調的燭光晚餐，但我卻一直跑廁所設法確認月亮杯的位置，整個用餐的過程有點坐立難安，因爲好像卡了一個東西在下體。終於熬到吃完晚餐，發現經血已經外漏了，連忙快走回旅社，沿途中發現月亮杯似乎被陰道推了出來，一邊往下推，還一邊撂下狠話：我不歡迎你啦！下次不要來！

## 從棉條轉換到布衛生棉

會開始認眞思考改用布衛生棉，是因爲在尼泊爾推廣手縫布衛生棉婦女衛教工作坊初期，來上課的婦女們都會問道：Do you like it？How you feel about the Eco pads？（中譯：你喜歡嗎？你覺得用布衛生棉感受如何？）

我內心想著：「我還是使用棉條耶！老實說：我自己並沒有使用布衛生棉耶！」頓時間我的雙臉漲紅，一股羞愧感直衝腦門。

回到臺灣後，我開始認眞面對布衛生棉了。帶著挑戰的心情：我要來好好試用你了！

沒想到，居然超乎意外的好用，只是穿比較厚一點內褲的感覺，清洗方面也是超乎意外的好洗，接下來就花了約三個月時間，從棉條逐步轉化爲全程使用布衛生棉。

決定在尼泊爾創業後，隨身帶了一包跟著我創業的布棉包，裡面有傳授我布衛生棉製作的啟蒙老師怡華（註二），溫暖手作出的布衛生棉，還有自己及姊妹們試做的布衛生棉，各種美麗的花色摻雜在一起，陪伴著我闖入創業的世界。

創業初期，若遇到經期來潮，受到荷爾蒙的影響，難免心情都會相當低落，我曾經蹲在農場的水源區，一邊手洗著布衛生棉，一邊落下眼淚，想著：「爲何把自己跟伴侶都搞得如此狼狽不堪？自己到底跑來喜馬拉雅山腳下幹嘛啊？」內心充滿無限的問號與疑惑，洗完後將布衛生棉一一展開，夾在曬衣繩上，各種花色，各種大小的布衛生棉一字排開，太陽出來了，美麗的喜馬拉雅雪山探出頭來了，我看著在風中搖曳的布衛生棉，頓時覺得太美了，取出單眼相機拍下這個畫面，一陣心曠神怡，如此美麗的，搖曳在風中雪山之下曬布衛生棉的畫面——我想要這樣的景色在尼泊爾遍地開花。

---

註一：二〇一〇年，我與第一片布衛生棉在南印度相遇後，因緣際會的開啟了二〇一三年在尼泊爾創立布衛生棉工坊的契機。

註二：邱怡華為布布貼心的創辦人，於二〇〇六年最早開始在臺灣推廣布衛生棉運動。

# 創，

## 順應心流，自創工作

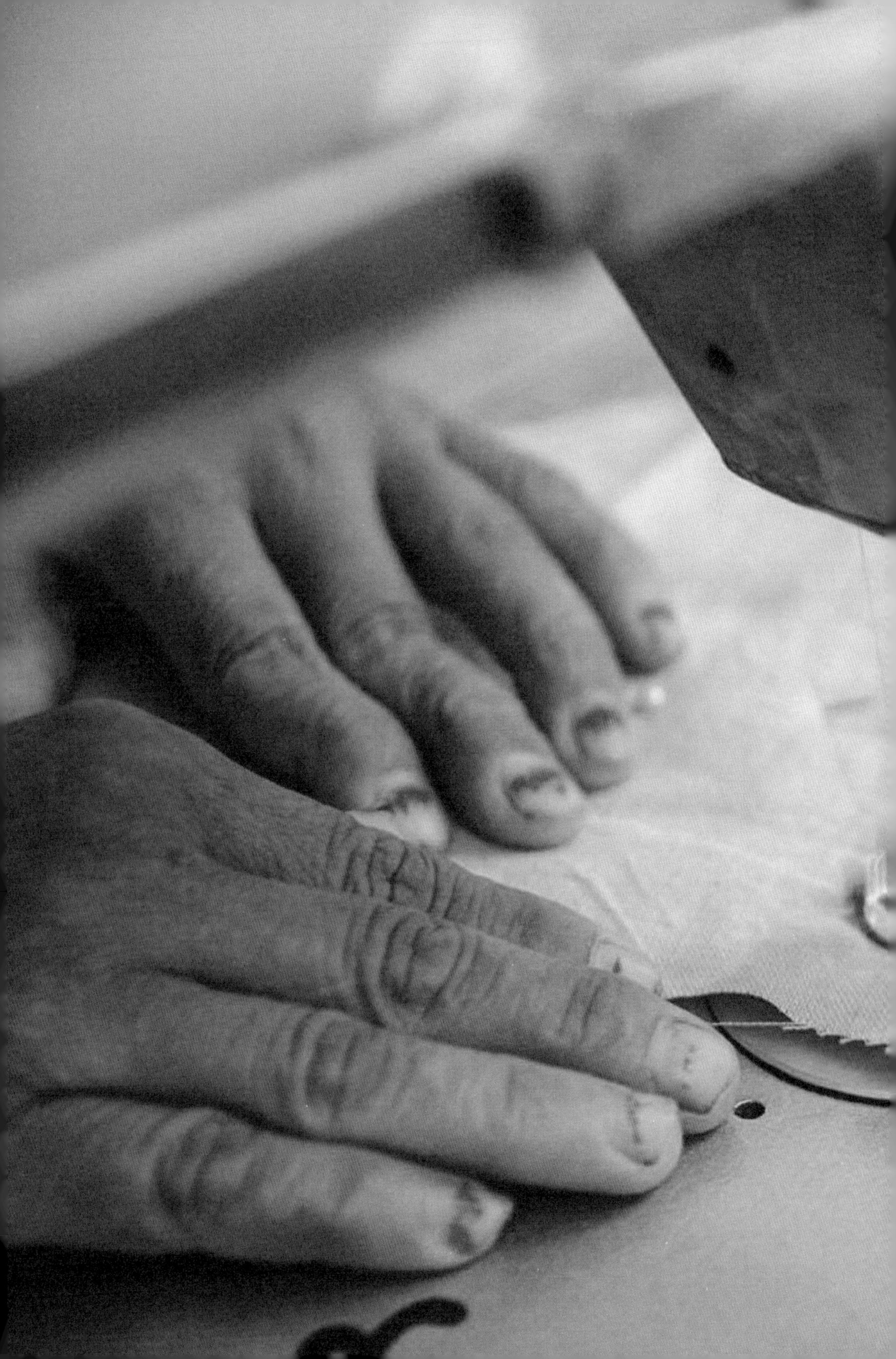

# 1.

# 七年 NGO 工作帶來的身心巨變

大學畢業後，想要找一份所謂有意義的工作，同時能有機會多去國外、看看這個世界。

很幸運，我的人生第一份工作就是在推展國際志工的組織，出社會一投入就是七年的時光。我因此陸續走訪了香港、澳門、印度、巴拿馬、日本、馬來西亞、柬埔寨、菲律賓、尼泊爾、蒙古、越南等國，工作內容常常需要深入了解一些社會議題，並與在地社區共同合作，思考如何改善在地人民的生活。

這樣的工作，剛開始覺得理想，累積多年後的省思卻發現，當身為外來者的我們把工作重點放在「改善」

與「發展」上，時常像是蒙蔽了雙眼，許多美好在地的文化與生活智慧都沒能看見，僅在尋尋覓覓找尋一些短期計畫，而社區發展工作，必須深入了解村落生活文化脈絡，小心翼翼的處理議題，避免創造社區的衝突與資源爭奪戰，同時需要邀請社區共同參與，找出居民願意投入的動力來源，這眞是一條漫漫長路，不得求快求利的工作使命啊！

那七年的職場經驗，我不斷地往外看，最後卻發現迷失了自己；因爲自己內在很空，越是幫助別人，越覺得心虛。

我能拿什麼給別人？若自己都不開心了，我又有什麼能力去「改善」他人的生活？

有天深夜，我在臺北辦公室環顧正在加班中的辦公室同仁。加班生活是常態，工作上的壓力襲捲而來，週末假期辦活動，沒能好好放鬆休息，突然懷疑起來，難道這就是我心中想要過的，所謂有意義的生活嗎？當我的生活抽離掉了工作，還剩下什麼呢？

## 國際發展工作的轉折點

在二十九歲之際，嚴重的胃發炎，導致我有餐後反芻的現象，身體長久發出警訊，而我總是置之不理。直到有天在演講時，頭腦突然間一片空白，喉嚨打結，呼吸急促，什麼話都講不出來，身體機能直接關機，要我立即停止眼前的工作。我被自己的身體現況嚇傻了，親近的朋友說：「妳已經很不快樂了，身體強烈的發出訊號！妳應該休息了。」我沒得選擇，只好臣服於身體劇烈的變動之中，選擇離開職場。

從事 NGO 工作，教導我去認識不同的社會議題及發展趨勢，但我內心真正想要做的是深入一個特定的議題領域，長期耕耘。

七年 NGO 職場的後半段，讓我的人生與尼泊爾結下不解之緣，過程中發現我對於女性賦權等工作甚有使命感，由於有了前段國際發展工作的背景，而讓我後來走向社會企業的發展，運用我的 NGO 背景作爲發展尼泊爾婦女村落就業及月經教育計畫的後盾，然後，創業學習發展所謂的新型商業模式，將社會服務與商業模式結合起來。

轉眼我在尼泊爾的創業人生也進入第九個年頭，回想過去，實在很感念能有這麼一段經歷特殊，遊歷多國，行旅至村落社區服務的工作經驗，回想當初在尼泊爾創業初期的異想天開及瘋狂天眞的辦事方法，縱然吃過許多苦，但或許是因爲人生的第一份工作是在NGO，這或多或少醞釀了我對於浪漫美好的理想世界以及人性永遠保持不易動搖的信心與熱情！

## 2.

# 菩提樹下的一場對話——國際發展工作的轉捩點

生命的因緣藉由從事國際發展工作，帶領我踏上喜馬拉雅山的土地。初期在尼泊爾工作，在地的溝通對象及領導者清一色以男性爲主，我不以爲意，直到有一次在社區的菩提樹下跟村長及社區工作者談論著工作事宜，才突然間意識到，我幾乎從未聽過在地女性的想法，甚至連聊天談話的機會都少，女人的聲音在哪裡？

這段期間適逢慶典節日，某天我看見衆多村婦們捧著供養神明的盤子，上頭滿是鮮花與紅黃相間的硃砂，緩步走向社區菩提樹下的小廟宇進行祭拜儀式；共事已久的村長就在這一天，在我的請託下，幫忙邀請兩位女大學生與我對談。

「在生活上，有遇到什麼困難嗎？」當我這樣提問，兩位女孩不約而同的說：Period time!（月事來潮期間）

當她倆述說著在月經期間所面臨的種種問題時，附近的村婦一個接著一個，先是好奇圍觀，隨後很自然的加入了這場即興對話，最後居然演變爲二十多位婦女大談月經期間所面臨的遭遇與不適。這場菩提樹下的月經對話，扭轉了我對於社區工作的想法；也引領著我開始思考，我跟自己的月經關係及未來可以如何行動。

## 生產布衛生棉的起心動念：環保與永續

尼泊爾主要是信仰印度教及佛教的國度，而信奉印度教的種姓民族在女性經期間的禁忌普遍較多及繁雜，反觀藏族的文化則無特別的傳統禁忌。在村落裡大多數的女人使用的是舊紗麗或舊布作爲月事布墊，但因缺乏正確清潔知識、清潔得不當，或是曬在陰暗的地方孳生細菌，造成女性的婦科相關疾病。總觀普遍現況爲缺乏正確的生理期教育知識，許多女性終其一生來月經近四十年，卻對於女人爲何會有月經不了解，甚至以爲自己生病或被詛咒了，而這樣的觀念卻因爲知識教育的不普及或難以啟齒談論此話題，經血的污名化也就這樣代代相傳下來了。

在偏遠的尼泊爾西北方喜馬拉雅山區，甚至有一個傳統習俗叫 Chhaupadi（註一），意指經期來的女人必須住到小茅草屋裡，與家人隔離，若無足夠的屋舍，有時也可能暫住在牛棚裡度過經期時間，同時無法進入廚房料理自己的飲食需求，加上無適當的經期用品及月經期間居住環境惡劣，奉行 Chhaupadi 習俗的區域，女人在月經期間不但沒有被特別照顧體諒，反而受了許多苦，有許多不便及不舒適。

先前在和村落婦女們的對話中，了解到多數人仍使用舊布折疊的方式作爲月經布墊，使用拋棄式衛生棉的情況還不是很普及，就猜想相較於其他的經期用品，尼泊爾婦女們應該對於「布」的接受度會比較高，需要使力的部份只是翻轉使用殘破舊布的習慣，轉換成材質好、方便使用又美麗的布衛生棉，這樣就有機會邀請在地女性嘗試以對環境友善及對身體友善的布衛生棉度過經期。

有一次在村子裡帶領布衛生棉手縫工作坊時，一位阿嬤在縫完布衛生棉後，開心的跑來跟我說：「This is not a new thing, but a whole new idea」。(這不是新的東西，不過卻是一個全新的想法耶！)

## 創業：啟動未來的生命藍圖

二〇一〇～二〇一二年期間，我還在先前服務的國際志工組織工作，已經連續帶領臺灣志工夥伴在尼泊爾進行了十多場次的婦女衛教及布衛生棉手縫工作坊的活動；到了二〇一三年創業前期，想要評估先前參與過婦女衛教計畫的學員回饋現況，了解她們使用布衛生棉的心得與建議。這些學員們的家散布在村落、山群間，到底要如何找到她們並讓大家侃侃而談害羞的月事話題，真是一大挑戰啊！

我穿上登山鞋、帶著簡單藥物、布衛生棉樣本、分享用的餅乾，與在地翻譯人員走入村落裡，帶著微笑挨家挨戶的詢問：「Namaste！請問你之前參加過我們辦理的布衛生棉工作坊嗎？」婦女們先是害羞的說：「啊，有啊！」接著邀請我們坐在手編的草蓆上、一邊曬太陽、一邊做問卷。

在訪談的過程，有時碰到其他婦女從旁經過，我就隨口問問：「Namaste！你有用布衛生棉嗎？」當婦女回答：「有啊！」接著也加入了訪談的行列，就這樣一邊喝茶、聊天，從家裡的媽媽、女兒、媳婦，還有隔壁的太太們、孫女們等，一戶接著一戶，從最高階的婆羅門族、藏族到最低階的達利特族，在山與山之間與婦女們展開對話與了解，也發現不同種性的婦女生活習慣的確有很大的差異性，僅相隔二十分鐘路程的社區，生活及飲食習慣完全不一樣。

在田野調查的最後一天，我們與少女們坐在學校前方的山坡展開對話。少女們說從前在上學期間，當月經來時，她們使用舊的布墊，現在她們已經改用舒適的布衛生棉了，聽到這裡，真是替這些可愛的尼泊爾女孩兒感到開心！

在這場的百人訪談中，得知村落婦女們相當喜愛布衛生棉這項產品，也期盼未來在市場上能夠買得到，同時還得到一項相當重要的資訊：婦女們喜愛桃紅色，紅色，咖啡色爲底色的布衛生棉，最不喜愛的顏色是白色。

二〇一二年十二月份，在樸門基礎設計課程（PDC）開始的前一週，我與伴侶完成了翻越三個村落，訪談一百位婦女的布衛生棉與月經的田野調查工作。緊接者展開十四天的樸門基礎設計課程，最讓我意外的事情，原來這不只是關於農業的學習，而是如何展開快樂的人生？我想要過的生活？以及生命藍圖的設計等。

在課程期間，我在「未來的生命藍圖」課程上將棉樂悅事整個創業夢想設計出來。待課程結束後，我的創業人生開始啟動了，而Hasera 樸門農場，就是我的創業基地。棉樂悅事從二〇一三年創立，到二〇二〇年全球新冠肺炎封城前爲止，每月生產上千片布衛生棉，以消費得起的合理價格販售給尼泊爾村落婦女，同時每年也於尼泊爾不同區域舉辦月經教育及布衛生棉手縫工作坊，與尼泊爾在地NGO／INGO組織合作，分享過去婦女衛教及推廣布衛生棉的經驗。

---

註一：二〇〇五年，尼泊爾最高法院曾經宣判，Chhaupadi 習俗違法，但迄今在不少鄉村地區，仍在施行這種迫害女權的習俗。

# 3. Govinda、Mithu 夫婦——我的尼泊爾貴人，朋友，家人

海外創業，最重要的因素之一是與在地合作夥伴的連結。

認識到 Hasera 樸門農場，這份難得可貴的因緣得追溯到二〇一二年寒假的出隊。

有天我突然收到來自 Dhulikhel hospital（在地著名社區醫院）社工的來信，他指名推薦了一個叫 Patalekhet 的村落，說明此村落的女農蔬菜班相當團結與活躍，強力建議我一定要帶志工去 Patalekhet 舉辦一場婦女衛教活動。醫院社工給了我一個聯絡對象的姓名與電話，他叫 Govinda。

在尼泊爾工作，有天外飛來的狀況是常態，對於這個不在預期內的訊息，我也只好快速的回應，並嘗試聯繫。一通電話過去，電話那頭傳來 Govinda 充滿朝氣的尼式英文：「好啊，沒問題，不過我人在加德滿都，我的太太 Mithu 會協助活動進行，Welcome to Patalekhet！」這是我跟 Govinda 極為短暫的接觸。

到了要帶領志工前往 Patalekhet 的日子，我們搭乘大眾巴士搖搖晃晃的行駛在前往尼泊爾東部的路上，沿途可見到連綿的雪山及整片的松葉森林，相較於空氣汙染嚴重的加德滿都，這片土地真好！

來到村落，是 Mithu 來接待我們，雖是初相識，當時英文仍不甚流利的她，很熱情的號召到許多村婦參與我們的活動，大家先在村落的小學草地上舉辦衛教課程，透過志工用心演出的月經情境戲碼，現場不斷爆出如雷的笑聲，村子裡的男人、女人、小孩、老人都被吸引過來參與這場「盛會」。接下來進行布衛生棉手作工作坊，參與的近五十位婦女都席地坐在小學的草地上，志工忙碌的穿梭在人群中，協助這些媽媽們完成手中第一片的布衛生棉。突然間 Mithu 高舉手中的布衛生棉，大喊：「我完成了，是第一名！」

在夕陽的陪伴下，我們完成了活動，大夥既開心又滿足，這時 Mithu 悄悄把我拉到一旁，低聲說著這個村子裡有許多婦女面臨子宮脫垂的問題，期盼我未來再次到來並期待給予協助。

## 與 Hasera 樸門農場的奇緣

此次的任務完成後，送走了國際志工，我還待在加德滿都，有天在咖啡廳意外認識了一位從商的尼泊爾大哥，一談之下發現這位大哥相當關注社會議題，得知我正在進行婦女衛教及布衛生棉的推廣，立馬幫我介紹了一位記者——這位仁兄居然曾經花了三個月前往尼泊爾最西北偏遠處 Humla 地區，拍攝了尼泊爾月經習俗 Chhaupadi 的紀錄片。某天這位大哥問我要不要跟他一起去看有機咖啡農場，我一口答應便跳上車，沿路上只覺得風景很熟悉，就問他這是要前往哪裡的路途？大哥說：「我們要先去 Patalekhet 參觀一個有機農場」，我聽了，很自然的回應：「喔，我認識一位叫 Govinda 的人」。大哥說：「對對對，我們就是要去找他！」

沒想到因緣際會又將我自然送到 Govinda 的面前，而更令人驚喜的是，原來 Govinda 的聚落同時也是一座位在山坡上、美麗的樸門永續設計訓練中心，此行我見到許多年輕外國朋友在此學習永續生活，我在臺灣有機緣閱讀大地旅人工作室所撰寫的《向大自然學設計——樸門啟發綠生活的無限可能一書》，早在心中許願希望能拜訪尼泊爾的樸門團體，當我得知這裏不只是有機農場，並且還是經過國際認證的樸門永續設計訓練中心，心中滿是驚喜與感恩。抵達時，前來迎接我的人，就是前幾天第一位完成布衛生棉的 Mithu。

Govinda 及 Mithu 夫婦是我在尼泊爾創業以來的貴人，朋友。一路的扶持引路，用生活實踐永續生活，教導來自世界各地的旅人、友人，何謂向大自然學設計，何謂快樂的在大自然中生活著。

往後，當我跟這對夫婦說起，我的布衛生棉社會事業夢想時，Govinda 說：「何不先做一場田野調查，了解村子的婦女們到底對這個計畫有沒有興趣，至少要問一百位，若得到的答案很正向，那就去做吧！不要擔心，我們會幫助你的。」

當我決定在尼泊爾創業，就和 Hasera 樸門農場正式合作蓋了第一間座落在田地上的布衛生棉生產工作室，工作室從二位生產婦女開始起步，到目前已有十二位工作成員了，以生產環保布衛生棉，開發永續商品爲基地。這個美好的工作空間，坐落在食物森林裡，前方有一片高麗菜園，後方則是玉米田，白天工作時蟲鳴鳥叫，夜晚則是青蛙聲及螢火蟲的世界。

二〇一三年三月份棉樂悅事工坊開始正式運作了，棉樂悅事工坊的尼文及梵文名爲 Dharti Mata，古老梵文及尼泊爾文的意涵是「大地母親」，很高興有這樣一個空間，可以跟著婦女們共同編織屬於大家的夢工坊，一個在自然裡工作的工坊，一個可以快樂工作的工坊，一個有著無限可能的工坊。

# 4. 從兩台腳踏縫紉機起步——梅子樹下的婦女工坊

從來沒有接受過專業縫紉訓練的我，要在尼泊爾村落開辦縫紉訓練課？開班前，還要先買到品質掛保證的縫紉機？這天我在 Patan 古城一間昏暗、充滿男性維修師的專賣店待了數小時後，終於在雞同鴨講、頭痛劇烈的情況下，買下了兩臺傳統腳踏式縫紉機——就是你阿嬤也可能會有的、被遺忘在三合院積灰塵的那款，當然偶爾也會在有格調的咖啡廳巧遇它——至於，怎麼將縫紉機重組再送上山，又是另一個大工程……

Hasera 農場美麗的露天院子就是縫紉訓練課的教室。常常有各國朋友造訪這座農場，每當大家看著這兩臺縫紉機，閒聊一番後的共識都是在家鄉的阿嬤也有這麼一臺腳踏式縫紉機，不過現在已經沒人在用了、只是像古董一般的被展示、現在要買可是很貴⋯等等話題，在我看來，這眞的是一台再環保不過的機器了，生產布衛生棉的過程中完全不耗電，還可兼做腳部運動，製造產品的過程中也不會有工廠轟隆隆的機械聲，使用者可跟隨速度、頻率創造出屬於自己獨特的工作音頻，眞是令人愉悅的環保縫紉機！

縫紉機準備妥當後，我們開始招募第一批村落婦女來上縫紉課，首先來了三位村婦，她們露出既興奮又嚴肅的表情，感覺得出來，學習新事物是開心、緊張的。第一天，縫紉老師教大家拿起筆，畫出布衛生棉的圓弧形狀，沒想到村婦們長期農作、久未拾筆的手在發抖——原來畫圓不簡單！我們慢慢的從畫線、畫圓、認識測量單位開始，我心中也默默的把原本預計一週的培訓課調整爲三週，同時告訴自己：沒有這麼快的、不急，一切將從零做起。

## 寧願賣牛來工作；拒絕競爭、要合作

連續幾天，婦女們都是匆匆的奔跑來上課，雖然僅遲了十五分鐘，但看得出她們臉上的愧疚及尙未梳理整齊的散亂捲髮。課程結束後，我詢問農場女主人 Mithu，爲何婦女們上課會遲到呢？

原來，她們爲了十一點鐘可以準時抵達農場上課，得一大早起床先忙農作，去森林割草餵食家裡牛羊、擠牛奶、提去市場賣、準備孩童上學及準備一家的食物、打掃家裡等工作，做完一堆家事後再趕來上課。儘管如此，婦女們還是跟我說：「我的背已經快承受不住每日背負重物了，若可以輕鬆的使用縫紉機討生活，我願意把牛賣了。」

也許是受了臺灣教育體制的制約，一開始，我在培訓期間安排了考試，以確保婦女們了解縫紉流程，從剪布到製成品，並且還大聲嚷嚷的說，做得最好的有獎品，或許這樣的測驗方式在臺灣行得通，但在我們的縫紉班卻因為要考試而引起了大風波——有一位婦女聽到要考試決定不來了，另一位學員從小就不喜歡考試，直接跑來跟我說，她不喜歡跟朋友競爭的感覺，希望大家一起合作，互相協助，把產品做到最好，當下我也深深省思：從小一直不適應升學體制的我，為何一開始就把競爭、考試的方式帶入我自己創立的工坊呢？

最後我們決定把考試（Exam）調整成學習評估（Evaluation），過程中沒有比較心，可以發問，大家互相幫忙，人人有獎，這樣不是開心許多嗎！

訓練課程從冬天開始，每日在可望見喜瑪拉雅山的院子裡進行著，院子的梅子樹隨著時間流轉從枯枝到結苞開花，春天悄悄到來了，這時婦女們已經完成職訓，成為棉樂悅事的受雇員工。梅子樹的花開了，忙碌的蜜蜂採蜜去，我們在白花花的梅子樹下，開始生產了第一批 Made in Nepal 的環保布衛生棉，同時也感受了在自然環境中殷勤工作的簡單幸福及喜悅。

## 棉樂悅事，在加德滿都農夫市集開賣

正式生產出布衛生棉後，美麗的布衛生棉要去哪裡販賣呢？我與友人討論著各種可能性，來自義大利的 Elisa 建議：「不妨去加德滿都農夫市集試賣看看？」

原來，尼泊爾早就有農夫市集在運作了！每週六的市集有來自加德滿都各地的有機蔬菜小農、藝術家、麵包師父、植物染設計師、各式手創的工作者來擺攤，現場充滿來自各國NGO工作者、旅客及在地居民人潮。熱鬧滾滾的市集彷彿自然形成的有機社交圈，在草地上野餐、與生產者互動聊天，現場即興音樂表演等，無不讓人想要抓緊週六上午的美好悠閒時間，買好東西、吃好東西。

大約從二〇一三年起，加德滿都也開始了農夫市集的運動，演變至今，週末假日主要有三個農夫市集在不同區域舉辦，Bouddha 藏人社區的 Utpala farmers market 服務了在地的藏族社區朋友、來此地學習佛法的外籍人士及喇嘛、女尼們；Patan 古城區的 Yellow House 則是服務在此地工作的 INGO 及聯合國的工作者，較多爲外籍人士及中產階級的尼泊爾家庭；而 Lazinpa le sherpa farmers market 則有來自世界各地的旅客及本地人。大家開始喜愛週六假日前往農夫市集購買當季新鮮有機蔬菜及來自尼泊爾高山地區的各類穀物，如：來自喜馬拉雅山區的蕎麥麵粉、紅米、糌粑粉和新鮮的香菇，還有珍貴香甜的高海拔蘋果及現採蜂蜜等。

加德滿都的農夫市集是棉樂悅事在尼泊爾展開銷售的第一站，我們嘗試在不同的農夫市集與本地居民面對面分享布衛生棉及環保正向經期的議題，因此結識了許多在地友人及團體，而生產線婦女們，因爲投入了市集的推廣販售活動，有機會接觸消費者，從生產端到銷售端，實際了解現階段尼泊爾女性的需求。

# 5.

## 一片布衛生棉的革命，高山上的新月亮運動

染坊工人們正在熬煮著茜草根部的草藥，染缸逐漸浮現出粉橘的色澤，這時再將線紗浸泡至茜草染汁中反覆熬煮，等待線紗完全轉換為美麗的粉橘色系，再將染過的線紗完全展開，晾在陽光底下；風乾後，染坊婦女們將線紗紡成線球，套在傳統紡織機上經緯線的位置，織布工人開始手腳並用，有節奏地展開織布工作，在達咔達咔聲中，織布工人依循著規律且熟悉的節奏，自然地哼起歌來，一尺尺的有機棉茜草染布料由此誕生——這些珍貴的手工布料將做為「棉樂悅事」工坊的布衛生棉接觸面使用，這是來自印度鄉間的有機棉線紗、結合尼泊爾傳統織染技術所產出有溫度的布料。

我穿梭在加德滿都傳統熱鬧的布市集中，眼光迅速瀏覽一間間五顏六色的布店，傳統印刻花布用堆疊的方式排滿一整面牆，通常布店會有一名工人，隨時拉出或翻出你喜愛的那塊布，在找到你愛的那批花布的同時，上方的布堆就會被推倒在地面上，瞬間地面堆積著好幾百碼不同花色的布料，有時還需脫掉鞋子爬在布堆上選花色，最後在布海中雀屏中選的花布，或刻印著傳統的圖騰、或有著迷人可愛的花樣，將用來作爲布衛生棉的設計花色，期待能生產出讓女人喜悅且開心的布衛生棉。

在生產布衛生棉的同時，也產出許多剩餘的邊布及零碎的布料，某次在村子裡看到阿嬤們收集塑膠袋，然後結合乾燥的玉米葉，手工編織成精美的坐墊，驚嘆不已！這啟發了我將碎布再利用的發想，我們將碎布材料編織成坐墊及廚房用的隔熱墊，同時，布衛生棉裡層的鋪棉剩餘布料，也能提供給製作棉被的工人，工人會將鋪棉布料打散成棉絮再生成新棉被，透過這些再生利用的行動，也讓工坊進一步朝向零浪費的階段邁進。

## 跟著 NGO 一起將布衛生棉送上喜馬拉雅山

創立棉樂悅事的初心是想要前往喜馬拉雅山區偏遠的村落推廣月經教育及布衛生棉使用，這些深藏在海拔約三千—四千公尺山區的藏村通常不易到達，居民們多是過著與世隔絕的純樸生活，多半需徒步入村，除非請挑夫背上山，要不然，很難取得外來物資。

該地區的婦女們也沒有穿內褲的習慣，經期來臨時多半是多穿幾件褲子，讓經血被吸收，然後再清洗褲子。從二〇一五年尼泊爾大地震之後，工坊陸續接到來自 NGO/INGO 的訂單，其中一個組織將布衛生棉搭配其他清潔用品包裝爲女性生理衛生組合包，組合包裡有肥皂、內褲、布衛生棉三片及使用說明書。

近年來，我們協助各個組織生產了共上千片布衛生棉，透過國際組織合作，運送至尼泊爾喜馬拉雅北部山區的 Gorkha 區及西北方的 Jumla 區，該地區靠近西藏邊界，生活條件較平地艱困。我們無力前往這些高山偏遠地區，但有幸可以與理念相近的組織合作連結，爲高山婦女衛教計畫生產布衛生棉，透過組織合作發揮在地深耕的力量，一起合力將「女性月經教育」和「布衛生棉」送上喜馬拉雅山。

## 尼泊爾男性力量的角色與支持

在尼泊爾所經營的布衛生棉社會企業能夠展開並延續至今，衷心要感謝許多男性的支持與認同。打從一開始的第一場村落女性衛教，就是因爲村長的一句話："I am ready to help you, because it is good for my wife, my sister, my daughter, my grand children! Why not?"（我已經準備好要幫助你了，因爲這對我的太太、我的姊妹、我的女兒、我的孫女都好，何樂而不爲呢？）

由於在尼泊爾的領導階級及重要決策角色都是以男性爲主，若要舉辦一場衛教計畫，或婦女們是否可以出外工作，包含家裡經濟的掌控權，多半是由男性主導，所以，工坊的婦女們能否擁有這份工作，首先需要尋求家中男性成員的同意。

有趣的現象是由於工坊建立在樸門有機農業教育中心，不時會有許多來自尼泊爾各地的農夫來此參訪與學習，許多男性一來到工坊，發現是做月經教育及生產布衛生棉，臉上先是出現疑惑的表情，同時表示他們知道老婆每個月好像會流血，可是不知道發生了什麼事？因爲從未有人跟這些男人們討論過月經的話題。

經由工坊成員細心解說，分享布衛生棉對於環境及女性身體的好處後，這些男性農夫們終於解開心中長久的困惑，不約而同地採購布衛生棉作爲紀念品要送給老婆，這項男性採購布衛生棉的創舉，特別讓工坊婦女們覺得驚喜與振奮，有一次甚至創下單天上萬盧幣的銷售業績，透過正向的對話，這些禁忌的話題被打開了，唯有在教育與理解後，才會有改變的開始。

在尼泊爾每銷售一片布衛生棉，我們都積存五盧幣至工坊的月經教育基金，每年選定特定村落或學校免費進行月經教育及贈送布衛生棉組合包；透過工坊婦女前往村落進行解說推廣，讓生產端的員工慢慢成長爲教育推廣者，這是我期望達成的女性賦權。

原本那核心的母性力量與創造力一直都在，我們需要給予的是溫暖的空間與陪伴，邀請女性展現出她們的自主力量，在現今的時代下，我們必須合作，而非競爭，跳脫自我文化與種族的限制，理解彼此是地球上的生命共同體，大家一同共好共存，快樂並有意識地生活著。

# 6.

# 我心中的公平貿易——棉樂悅事夢工坊的實踐

對於公平貿易（Fair Trade）的印象是來自高中時代在電視上看 ColdPlay 演唱會，主唱 Chris Martin 演奏鋼琴時，鏡頭帶到他的手指，他在食指上刺上 Fair Trade 兩字，讓我印象深刻，不過高中的我實在毫無頭緒「公平貿易」到底是什麼？

二〇〇六年第一次去印度旅行，意外在「菩提迦耶」附近逛到一間地毯工廠，廠房光線昏暗，幾乎所有的工人都是小孩。我看到一個小男生，約十歲不到的他流著淚低頭在燭光中織地毯，我問老闆他爲何在哭泣呢？老闆避而不答，只是拿出更多地毯給我挑選，我不死心的追問許多問題，例如：小孩爲何在這

工作？不用上學嗎？等問題，我一條毯子也沒買，最後還被老闆轟出店家，內心對於第一次面對所謂的童工感到衝擊不已，困惑的思緒持續蔓延。

二〇〇七年走訪日本 NGO，有一天我來到了早稻田大學，發現學校某棟樓的地下室有一間標榜「Fair Trade」的商店，走進一看是來自世界各國充滿民族色彩的手創商品，在眼前展開的是一種前所未有的設計感及充滿生命力的創作，我愛上了這些商品，牆上張貼著許多發展中國家婦女們殷勤工作的照片。她們工作的狀態跟我在印度血汗地毯工廠所見相差甚遠，究竟在發展中國家，人們的工作條件、商品、銷售、獲利間的關係爲何？心中的疑惑再度浮現，我買了個紅色的手工刺繡筆袋，而這個筆袋也開始跟著我旅行。

二〇一〇年我在尼泊爾獨自工作一個月，考察布衛生棉計畫的發展性，我抓緊這個獨自旅外的工作機會，想好好探索及了解尼泊爾公平貿易組織的現況，主動聯繫了幾間公司，出乎意外的順利及友善。拜訪了Mahaguthi、WSDP（Women skill development project）、WEAN Co-operative、Get Paper 等公平貿易組織，從刺繡、手織布創作、植物染、陶工藝，到手工紙等成品，對於已習慣大量複製化商品的我們，驚訝於手作所散發出的樸質與美，這些從原料端就照顧到地球的公平貿易商品將運往所謂的已發展國家，讓大家可以有機會透過透明的過程，以消費的方式支持發展中國家的公平貿易組織。這趟公平貿易探索之旅，讓我找到了紅色筆袋的生產端，甚至看到了婦女生產團隊，讓我對於在日本買到的紅色筆袋欣慰不已！

不過這些年來在尼泊爾，我的另一項觀察及疑惑則是這些標榜天然、手作的公平貿易產品都往已發展國家販售，那麼生產當地的居民真的可以消費得起的物品，究竟有哪些呢？那些東西跟永續、天然、手作、維護傳統文化有關係嗎？

我走訪了各式各樣的市集，慶幸的是，還是可以找到傳統手作籐編的老店面、手製木工傢俱店、用葉子編成的超級環保餐具、賣嬰兒用品的小店，找不到昂貴的拋棄式尿布，取而代之的是 Made in Taiwan 的布尿兜，則讓我非常意外！

不過另一方面，我也發現到來自中國及印度大量生產的廉價商品有著強大的消費市場及吸引力，以往我們在路邊喝奶茶時，早些年可見用陶杯裝的奶茶，喝完了往地下一丟時間久了可以回歸大地，而現在已是塑膠杯當道，從前的雜貨店會回收或購買小朋友們寫過的習作簿，折成小袋子給消費者裝物品使用，現在加德滿都每條河流充斥著數不盡的藍色及黑色的塑膠袋！這種感覺就像有一次我回到臺灣，在我家頂樓陽台欣賞著玉蘭樹上的鳥巢，居然發現鳥兒用塑膠碎片做巢，曾幾何時，塑膠袋也成了都市鳥巢的素材？只能苦笑於鳥類廢物利用的厲害！

也許是過去生命經驗的累積，引領我起了希望讓尼泊爾女性也能消費得起環保、實用、品質掛保證的好產品。之所以會起了創業的動念，是由於每回在村落舉辦婦女衛教活動結束後，婦女們都會問：我可以去哪裡買到？我想要分享給家中其他姊妹等問題。

當時的我，舉辦布衛生棉工作坊的所有製作材料都是由臺灣運到尼泊爾，這也引發我想要運用在地原物料，雇用村落婦女，從材料端到生產端都可以站在一個支持在地永續發展的系統上的事業體，建立一個符合我心目中公平貿易理念的夢工坊。

# 7.

# 一起轉化成長的女人工坊

創業後，在許多場合很多朋友都會對我說：「謝謝你，幫助了很多尼泊爾婦女！」我心想：這也是尼泊爾婦女幫助我的啊！不然我就失業了！我們是相互合作，相互幫忙因彼此而形成的一個事業體。

很多時候，都很感念我的工作團隊，我們居然共創了一種獨特、適合彼此的工作模式——既不是NGO，也不是一般商業模式，更不像生產線、機器人一樣的工廠，當我在跟這些尼泊爾山村的女性相處時，我在她們身上感受到滿滿的生命力與扎根的力量，她們充滿了無限的學習能力與潛能。

我的尼泊爾文大約是在創業兩、三年後開始有些微的進展，有點像是持續沉浸在尼文的環境中，直到有天突然就開始聽得懂，懂得這個語言的特殊頓調、眼神及肢體之間的微妙搭配。曾聽說：不同的語言，會讓大腦進入不同的思考及運作模式，這大概就是我開始能說尼文的感覺吧！說起尼文的時候，搖擺頭部及肩頸是非常重要的搭配動作，很多正向的意思都要微笑的自在搖頭，這個動作代表著OK、沒問題、我很好，時常當我回到臺灣時，還是無法立即調整邊說話邊搖頭的習慣。

一開始我的尼文說得太爛，常成爲工坊婦女們的笑柄，很難互相溝通，婦女們也很努力在回家後，請他們的兒子女兒開始了英文家教；再利用國際志工來換工，安排英文教學，慢慢的婦女們的英文逐漸進步了，而我的慢郎中尼文也慢慢頓悟，雖然時常還是需要農場女主人 Mithu 翻譯，但因爲雙方都願意學習新語言，彼此間的溝通開始順暢起來。

## 自主的工作方式

有一次我在跳舞的時候，接收到了一個訊息：顯化在我面前的工作，都是來自世界的邀請！

這些來到我面前的工作有存在的必要，還有機會輪到我來執行，而光只是「我」是不夠的；工作需要開放，將工作開放出去，發揮人的潛能，讓每個人突破想像中的自己。

二〇一三年的我，帶著創業的心，帶著我從臺灣教育及職場所接受的訓練方式，想要來「訓練」村子裡自然慣了的婦女們如何工作？如何發揮最大效益？而這些方法僅是我所認知到的工作方式，所以時常如水牛拉車般，很難帶動團隊前進，弄得自己生氣，團隊也跟著難受的窘境。直到，決定放下「我」先前所經歷的訓練及背景，單純聽見、開放的感受團隊想要的工作方式，讓她們去運作，看看會發生什麼事情？

這個練習相當有趣，當我放下老闆這個角色，轉化成詢問團隊該如何一起達成目標，最初僅有一位員工 Kalpana didi 相當積極，每次一開口就停不了，總有非常多的意見與想法，每回都要旁人叫她緩緩、也該讓別人講了吧！才肯勉爲其難的讓下一位發言。由於 didi 積極的表現得到接納，進而帶動其他害羞的婦女也慢慢開口了。

一年又一年過去，現在不得了，每半年我們會舉行開放式策進工作會議，通常開個二～三天左右，重點聚焦在如何讓棉樂悅事布衛生棉事業體得以永續發展。每回到了快要開會時，員工們沒有出現任何的不耐煩，而是一直提醒我要準備開會囉！到了策進會當天，婦女們會特別著裝打扮，感覺大家都充滿期待、有備而來的。她們也會帶著早上在村子裡採的鮮花，將花佈置在會議現場。會議開始之初，我們會圍成女人圈，手牽著手，閉上雙眼，邀請團隊成員一同想像及看見我們所期待達到的願景，爲我們共同創造的事業體祈福。接下來，邀請大家把所有想要討論的主題一一寫在個別的紙張上，拼湊出大家都想要討論的主題，接著就開始逐一進行開放式討論。

策進會最有趣的部份，就是員工可以自己認養自己想要負責的工作。我們會列出所有工作職責清單，並解釋每個工作崗位所負責的詳細內容及所需的專長及學習特色，接著給出三十分鐘，讓所有員工做自由討論，過程中我不涉入，最後由每一位員工分別報告，想要認養的工作爲何？爲何自己想要認養此工作？

有一年相當奇特，我心中有一份理想的員工職務分配表，但沒有說出口，而是開放讓大家來告訴我，她們想要做什麼？最後答案一一揭曉，居然與我心中想的完全吻合！

邀請所有員工一起站到同一條船上，而我唯一需要做的就是信任大家，當然也不是百分百都被員工帶著走，而是在全盤了解大家的想法及運作方式後，以智慧與直覺做出最後決策，邀請大家一起來工作，而不是我把所有的工作都想好了，要大家來做。

## 招募新成員：從家戶拜訪到主動求職

在這樣的組織氛圍下，工坊的運作，常常是由員工及農場女主人 Mithu 主動告訴我，婦女們想要如何工作？當工坊需要新增工作人力時，我會請 Mithu 幫忙詢問村子裡的女農蔬菜班合作社（有一百多位女農社員），同時 Mithu 也會觀察村子裡是否有比較弱勢的婦女需要工作機會。一開始我跟 Mithu 需要挨家挨戶的詢問，是否有人有興趣接受職訓，工坊創辦大約四年後，村子裡都知道我們給予的是穩定的就業，陸續就有婦人會主動來尋求面試機會，若我人也在尼泊爾就會和 Mithu 一同進行面試。我特別想要分享第六位員工 Amrita 的故事。

Amrita 是女農蔬菜班的一員，很安靜很害羞，家中的男主人跟村子裡其他中壯年的男性一樣，去了海外當移工，家中剩下小孩及公公婆婆需要照顧服侍，平日協助家裡農務，但 Amrita 一直對於到工坊工作有興趣，主動來 Hasera 農場要求面試好多次了，由於那段時期我們不缺員工，Mithu 就對她說：若你自己能學會用縫紉機，我們雇用你的機會就高了。一年過去了，又到我們招募新員工的季節，Amrita 又來了，希望能有面試機會，她跟 Mithu 說，眞的非常想成爲工坊的一員，已經跟村子裡的裁縫學習好基礎的縫紉技術，現在會做嬰兒穿的服飾，她已經準備好了！

我也想起，曾經在女農蔬菜班的年度盛會上，遇見過美麗的 Amrita，她的眼神看起來透露出一種堅定渴望的力量，我們並未交談，但我可以感受到那充滿著決心的眼神力量。後來，Amrita 果眞成爲我們優秀的生產成員之一，完成三個月的縫紉及製作布衛生棉訓練後，第一個職務是協助裁剪布料、車縫、品質控管的工作，有一份認眞向上及積極學習的心。

## 學習裁員的功課

若沒有特殊狀況，基本上我們不會裁員，每一位進入團隊的成員，都像是家人般工作、相處著，愛戴愛惜彼此，但有時並非每一位婦女都合適從事細膩的手工。

曾經有一位新進員工叫 Gitar，由於是指配婚姻的關係，夫妻之間沒有愛情做基礎，婚後生下了女兒，先生就再也不理她了，還好公婆一直都很善待 Gitar 及孫女。當我們需要招募新員工時，女農蔬菜班的成員一致推薦 Gitar 來工坊工作，認爲弱勢的她需要協助，我們也保持開放的心，歡迎新成員加入。

Gitar 是工坊成員中書讀得最多的一位，有完成十二年級的學業，相當於高中學歷，不過婚後跟大部份村婦一樣，都是協助家務及農務工作，她的學歷無從發揮。Gitar 與 Amrita 幾乎是一前一後來到工坊，前三個月的學習算是順利，只是動作及學習能力比 Amrita 慢，一轉眼半年過去了，Amrita 已經能用縫紉機做出美麗、品質好的布衛生棉了，而 Gitar 幾乎還是停留在剪布的狀態，要做出細膩的手工，對她來說有些吃力，而團隊成員彼此都盡了最大的努力與嘗試後，最後大家都累了，資深員工表示嘗試過很多教法，已經不想要再教下去了，工作團隊的整體士氣也被拉低。我知道，是時候該整頓團隊了！我約了 Mithu 找 Gitar 單獨碰面，瞭解工作狀況，我們說：「或許是將你放在不合適的位置上，但你盡了很大的努力，你也沒有做錯任何事，但也許別的工作將會更適合你，我們會協助你直到找到新工作，這是與整個團隊討論完的結論。」

在 Gitar 上工的最後一天，全體團隊圍成了女人圈，邀請每一位員工與 Gitar 分享，這段時間與她相處的美好與學習，在她身上所看到的優點，Amrita 則是抱著和她同期進來的好姊妹大哭，最後大家互擁道別，我給了 Gitar 一筆費用，期許她可以在村子中找到合適的位置，這是我第一次學習裁員的課題。

雖然我們期待能提供村落婦女就業，但遇到彼此不適合的情況時，也需要學習釐清角色與好好的道別。

事隔不久，我早晨散步在村落中，看見好幾位婦女走往山上學校的方向，最後一位是 Gitar，她帶著笑容跟我揮揮手，也往學校方向走去，事後打聽得知，原來她找到新工作了，是在山中學校擔任低年級學生的老師。

我心中的石頭終於放下，內心對 Gitar 說：謝謝你，祝福你，我愛你。

專欄文

# 棉樂悅事工坊的一天

## 用 Jai ho 彼此問候，展開一天的工作

棉樂悅事工坊，每日十點準時上工，創立以來，除了遭遇大地震和新冠疫情全國封城期間，員工們幾乎沒有遲到過。婦女們住在 Patalekhet 村落的不同角落，上工前大家相約在 Hanuman School 前方，每位成員各自從山中美麗的一角出發到學校集合，再一起散步到工坊。

一早見面，彼此間的問候語不是 Namaste，而是 Jai ho（向勝利禮敬），抵達工坊後，大概用十分鐘討論當天工作的重點事項，接著所有人洗淨雙手，點起線香，開始淨化空間及每臺即將上工的縫紉機，以此揭開一天工作的序幕，這些姊妹們讓工坊的空間充滿了熱情與流動的氣息。

## Yololo——有機午茶點心時光

持續工作到下午兩點左右，Hasera 農場會有人敲鐘，一邊喊著 Yololo，意思是：快來喔！吃點心囉！

尼泊爾人習慣在上工前先吃午餐，通常午餐在上午九點前就會完成，吃飽飽的上工，持續工作到大約下午兩～三點之間要吃 Khaza——就是一天當中的點心及午茶時光。

Hasera 農場不時會有協助農作的夥伴，還有世界各國來換工的青年，一到 Khaza 時間，大家都會放下手邊的工作，聚集到廚房或是户外庭院用餐，食材都是當日現採的新鮮蔬菜或是現做的薄餅等，當然最美味的還是現煮的新鮮奶茶。午茶時間，各國語言交雜在冒著煙的奶茶上，總是唧唧喳喳好不熱情，這時也常常上演尼文及英文的搞笑教學時光。工坊的婦女們最喜愛的話題，不外乎是工作、家庭、農耕、節慶等主題，也會趁午茶時間，跟農場女主人 Mithu 討論工作上的建議、需求、遇到的困難等問題。

## 相約回家，完成一日的工作

大約五點左右，婦女們就會開始進行清潔打掃工作，大家記錄當天工作的成果，拍攝一日的成果照，用 Messenger 群組寄給在臺灣的我，並做好紙本工作記錄，負責整潔的姊妹會指揮大家把工作室維護在一定的清潔度，每天下工前，工坊又變回美麗整潔的空間，就這樣日復一日運行著。傍晚大家互道感謝，明天再見。

# 8.

# 生命的種子，發芽在尼泊爾

在尼泊爾旅居工作多年後，這個國度教會了我生活，順應當下的變化，與大地母親連結。在這裡，我看見了一個完整的生態系、一座高高低低的食物森林、被自然滋養的人們與動物，大家順應著自然的原則，有著緊密的社群關係及深厚豐富的文化連結，在慶典裡、在節氣裡、在自然中著實的生活。

自從創立棉樂悅事工坊（Dharti mata sustainable workshop）後我開始過著每年約五個月在尼泊爾，其他時間在臺灣或他國的工作模式；這樣的模式也是隨著越來越喜愛這裡的生活步調才慢慢長出的。

Hasera Organic Training Center 是一座樸門永續設計的教育基地，同時也是我創立的「棉樂悅事工坊」的所在，因緣際會下認識了農場主人一家人，帶領我進入那梯田、那群山環繞的農場生活裡。

這裏實踐著向大自然學設計的理念與精神，我與一群可愛的尼泊爾家庭住在一起，有一頭母牛、一頭小牛、一頭山羊及每日會生蛋的放山雞共同生活在這座農場裡。農場種植了約三百二十種作物（從高大的樹木、果樹、花、藥草、蔬菜、穀物、到最矮小的牧草等），每天大家所吃的食物均來自於農場裡的八十二種蔬菜、豆類及穀物。

在農場生活工作的日子裡，常常有機會相遇來自世界各地對於永續生活有興趣的朋友，同時尼泊爾的非政府組織（NGO）及國際組織（INGO）也常有計畫邀請各地的農民來此進修及認識樸門理念。

這天，是一群來自喜馬拉雅山北部的農夫學員們，終於完成了十六天的樸門永續設計基礎（PDC）課程了，晚上大家即時興起，牽起彼此的雙手圍成圓，跳起傳統歌謠舞蹈。隨後我才知道，原來這些從高山上來的農夫不識字也未曾上學，而就我所認識的樸門課程常常是筆記厚厚一疊，加上需要大量閱讀相關書籍的學習過程，所以我擔憂的問起農場女主人，他們還適應嗎？

女主人轉述了這些來自高山民族農夫說的話：

We can not read and write, but we know how to write on our field.

（中譯：我們不會讀書和寫字，但我們懂得如何在我們的田地上寫字。）

聽了這些話後，深深的感動著，他們才是眞正懂得在大自然裡生活的人們啊！

尼泊爾人的垃圾量眞的很少，尤其是幾乎不使用衛生紙。當周邊所有人的垃圾量都很少時，你就會開始發現及檢視自己製造的垃圾是否過多，以及到底這些垃圾是從哪裡來的？當我在拜訪當地村民時，因爲要丟垃圾，隨口詢問你們家的垃圾桶在哪？才發現大多數的村子家裡沒有「垃圾桶」，因爲傳統農村家庭生活並不會製造垃圾，每日吃的食物來自於農場，果皮蛋殼等有機質將回歸到土地作爲推肥使用；牛隻的食物來自農場自然摘種的各式樹木、牧草及穀物，如果有剩菜剩飯也可以作爲牛的食物，早晨及傍晚農場女主人都會特別熬煮熱的穀物粥給牛兒喝，因此每日都有超級新鮮的牛奶喝，牛奶又可變化爲優格、奶油等食材，健康的牛每日生產良好的糞便，這些糞便與有機質混合，又可產生高養分的堆肥滋養大地，進而作用爲肥沃的黑土，持續提供農園蔬菜養分，生長成營養、健康的蔬菜提供人們食用，人們在吃了健康有能量的食物後，身心健康，自然會快樂，多麼美好的循環啊！在此生活的人們、動物、植物都在這循環中提供貢獻，而這貢獻最後也都回到每個生物上，生生不息、持續作用中。

## 種子銀行，幫種子曬太陽囉！

某天在農場裡幫忙種植約五十顆高麗菜以及給牛吃的牧草後，農場主人 Govinda 說：「今日要來幫種子們曬太陽了！」這些珍貴的在地種子一年才出來曬一次太陽，可想而知，這是農場一年一度的大事，另外還要負責將裝種子的玻璃罐清洗乾淨，重新上完標籤才算大功告成。

種子保存是由當地女農蔬菜班（Hanuman sagpat digo krishi samuha women group）發起的計畫，大多數成員皆爲小農，希望能將此地世代流傳的珍貴種子保存下來，因此 Hasera 農場成立了村落種子銀行，免費提供當地女農當季所需的種子，同時農場也協助季節性蔬菜的育苗工作，用合理的價格出售，讓更多人可以自行種植。

農場主人 Govinda 說，千萬不要小看這一丁點的種子，它的重要性就猶如人類的心臟。從前，尼泊爾世世代代流傳下來的在地作物種類非常豐富且多元，光是「米」這項作物約有近五千個品種，有特別適合旱作或特定疾病食用（如治療氣喘用的）等品種，演變至今居然僅剩約十種常見的稻米品種，其他的四千九百多種在地原生稻米已經流失或很少見了，Hasera 農場的種子銀行現今保留了約一百七十二種的各項作物品種（凡舉穀物、豆類、茶、香草類、蔬菜等），目前品種還在陸續增加中。農場也協助在地的女農進行採種的訓練，教導婦女們如何選種，並定期將種子保存在種子銀行。

尼泊爾在二〇一五年四月二十五日發生世紀大地震後，村子約百分之九十的傳統房舍受損，而一般村民留種的方式，都是將種子裝在塑膠袋，塞在天花板的夾層裡（傳統房舍的天花板爲木條及泥土混合的素材），大地震後房屋倒塌，許多種子隨著屋舍深埋於地底下，或不知去向，這時種子銀行就顯得特別的重要，幸好平日保持與社區女農進行留種，採種及育種的工作。

當我看著沉睡種子，想像它們有一天會充滿能量的長大，滋養人類及大地，深深覺得這是一件意義深遠的事。你可曾思考你所吃的食物種子是從哪裡來的呢？掌握了種子，也就掌握了食物的源頭。

## 驚豔在地女農蔬菜班

每年十二月，村落都會舉辦女農蔬菜班年度大聚會，無疑是一個盛大的派對，來自蔬菜班約莫近百位的女農無不盛裝打扮，前來赴會。

一整天的儀式從燃起線香開始，線香的煙飄向空氣中的暖暖陽光中，頓時整個空間因爲香氣而改變了磁場，這時將由年紀最輕的小女孩爲每一位婦女點上蒂卡（註一），點蒂卡的儀式要從最年長的長輩開始，所以通常就會看到小孫女們替一位位阿嬤們虔誠的在第三眼中心點上蒂卡象徵祝福；待每位婦女們都上了蒂卡後，一張張美麗婦女的臉龐頓時亮起來了，一整天的活動就此揭開序章。

首先會先報告一整年女農蔬菜班的大小事務，包含每月的微型村落銀行運作現況，同時將舉辦一年一度的村落女農出遊參訪活動，這意味著大家可以去考察其他地區的農場，可以完完全全的放一天假期，最令我驚豔的橋段是大家引領期盼的頒獎大會，獎項爲：最佳廚房菜園獎、最佳乾淨家園獎、最佳女農獎，這時現場氣氛非常高昂，大家屛息著氣息，期待獎落我家！而獲獎的禮物更是可愛又實用，美麗的手工花環和梳子一把，指甲剪，肥皂，蒂卡貼紙，手環等，這些簡單又討女人們喜愛的禮物，在我看來如此簡單的物資，竟然可以驅使社區婦女們動起來，打造廚房菜園，整理家園，一整年用心當個好農夫，眞是大開眼界！

活動的尾聲所有的女農大夥一起吃飯，一起唱歌跳舞，而歡唱的歌詞就是一整天活動的參與心得，即興的表達出此時此刻的心情與感受，曲調及鼓聲不斷的重複著，即興的新歌詞不間斷的加入，這樣的活動讓我學習到除了殷勤的工作之外，懂得歡慶與享樂也是生活很重要的一環啊！

## 彼此貢獻與交織的生命有機體

有天半夜打雷下起了大雨，農場主人Govinda居然打起手電筒，套上單薄的雨衣，摸黑獨自出門，我隔天好奇的問：那麼晚又下大雨很危險耶，為何半夜出門？原來是住在村落上方的一戶人家，家中的爺爺快要過世了，全村裡的長男會日夜輪流陪伴他走完人生最後的一程。Govinda說這是我們村裡的習俗，在村子裡當某人將進入往生彌留階段，大家會輪流陪伴與幫助該家庭，當任何家庭發生困難時，村裡的人也會一同協力幫忙。

此時，我了解到何謂社區支持系統，還有感受到可能臺灣早期也存在過的農村生活的溫暖，大家共同居住在一個山頭，耕種自己足夠的食物，同時可以分享多餘，在收成的季節，我到你家收割，你到我家幫忙，慶典來臨時村子大人小孩聚在一起唱歌跳舞，族群生活的記憶代代傳承，社區一起養大每一個新誕生的小孩。

何謂永續生活的要素？在這裡我見證了社區支持的系統與力量，小而微美的社區經濟體，快樂有意義感的生活，種植及供給好的在地食物，擁有乾淨的水源，被天然的環境擁抱著，更重要的是有一群懂得殷勤工作，同時歡慶生命的人們啊！

---

註一：（蒂卡 Tika）信奉印度教的人們，在文化上習慣於眉心中間也就是第三眼之處，點上紅色及黃色的硃砂，象徵專注於你的內在。

# 9.

# 創業帶來的禮物，我的力量三角之地

二〇二〇年初，我在印度生態村 Auroville（註一）進行「女人子宮僻靜營」活動的帶領，距離我首次前往 Auroville 剛好滿十年，僻靜營結束後，送走了團員，我安排一段時光好好的跟自己在一起，接住重生後的自己，以及爲二〇二一年一整年做調頻與準備。

在這段難得的時光中，我每天自然早起靜心，看著孔雀從屋頂飛進森林，望著還掛在天際上的月落——經朋友提醒，我才開始有意識的連結清晨的日出與月落。

跟朋友們吃完豐盛的南印度傳統早餐Dosa，一有機會我就前往Matrimandir（聖母殿金球）靜心，金球外圈共有十二個花瓣，每一個花瓣都是象徵一種生命品質及顏色的靜心室，在旅程接近尾聲的日子，我有機會分別在gratitude（感恩）、aspiration（心願）、sincerity（眞誠）三個花瓣靜心室裡獨自靜心。一股發自內心的渴望，就像是心督促著身體，快點把你的屁股坐在裡面！

第一天坐在被綠色光芒包圍的gratitude感恩的空間裡，淚水直流，心中湧現無比的感恩，感恩我此時此刻可以坐在這裏，感恩十年後Auroville送給我的生命禮物，感恩我可以見證無比勇敢的女性，願意踏上探索生命黑暗面的旅程，並在黑暗中與光相遇。

我被一種「無比的充滿」所包圍，毫無匱乏的，無所求的，滿足於生命此時此刻的狀態。一種相當於重新戀愛的感覺。我以一種新的眼光與視角看待自己與世界。感覺自己的意識與頻率正在重新整合中，身體也變得相當敏感，食慾降低很多，不喜歡蔥蒜的味道，只想吃自己煮的清淡蔬食，喝大量的水。感覺身體自然想要排毒，想要洗滌，我只能聽從身體的訊息。

接著在aspiration（心願）黃色的靜心空間中，感受到被黃色的光束充滿，對於生命所流經發生的一切，全然的接受、再接受，臣服於宇宙的安排，同時打開直覺力，聽從內心，邀請心與腦一起合作。

最後一天我在澄淨的藍色空間sincerity（眞誠）裡靜心，眞誠的祈禱。在藍色的空間裡，我體驗到最需要做的事情，最需要準備的態度，也就只有「眞誠」而已，眞誠於當下每個發生，眞誠於對人的交流，眞誠面對如初的自己——也就是看見自己的本來面目。

## 多出來的旅程？

原本計畫提早回尼泊爾工作的機票，因爲刷卡失效而延後了行程，而多出來的數日時光，卻是此行活動的寶藏——碰巧與多年失聯的朋友聯繫上了，碰巧有一個在大自然中的頂樓房間幾乎是免費讓我住，能讓我好好靜養，也碰巧我願意給自己更多時間，就這樣，心中的寶藏才會滿滿顯化出來。

在創業後的這些年來，持續地往返於尼泊爾、印度 Auroville 及臺灣，也促使我發現這是我在地球上的力量三角之地。

臺灣，我的家，給予我無與倫比的勇氣與資源。

印度，曙光村，帶給我無與倫比的滋養，讓我見證地球的希望，與「人是可以如此真正的活著」並實踐自己。

尼泊爾，讓我有機會可以顯化於社會，隨順著心中自然湧出的動力與熱忱去創造可能與改變。

創業至今，從一開始沒有路的路，似乎漸露曙光，雲霧散去，帶著更加篤定與堅定的心，自在上路，踏上自己所選，天所選的道路上。

註一：位於南印度的曙光生態村，由法國靈性導師 The Mother 及印度哲人 Sri Aurobindo，帶領 50 多國的人士實踐地球村願景，於 1968 年在聯合國教科文組織的支持下所成立的。

行，
走往世界的朝聖

# 1.

# 行旅江湖，國際發展工作的啟蒙

中學時期的我，過的是慘綠少女的生活。

有天走入誠品書店翻到一本書——《解放兒童》，作者 Craig Kielburger 跟我同齡的時候，居然已經行走亞洲各國關心童工的議題，倡議兒童幫助兒童權益，解放正在勞動中的兒童，讓這些小朋友可以回到學校上課，讀了這些篇章的我像是觸電一般，深深覺得自己的世界好淺，我渴望去瞭解這世界上所發生的事情。

不久後，父親帶著我們全家去了一趟柬埔寨。

柬埔寨在一九九八年才正式結束三十年的內戰，我們造訪時，民眾仍處在貧困與恐懼之中。才到當地就遇見了穿著我的弟妹學校制服的年輕小女孩，試圖對我兜售紀念品，頓時覺得難以置信——竟然臺灣所捐贈的二手衣跑到這裡了啊！

父親拿一罐花生糖給一位路邊的小孩，結果父親被小孩群團團包圍住，當時的我，開始去思考生在富裕臺灣的自己，以及其他國家的小孩是這樣努力生存著，對於許多發生在眼前的事情充滿著問號，可惜當時的我仍抱持著優越的心態。

某天，我們全家去參訪世界文化遺產知名景點吳哥窟，一對來自西方的父母，正在教導他們約六歲的小女兒，遇到在兜售紀念品的姊姊要有禮貌、與她們學習用英文打招呼，並分享手中的食物，完全沒有高高在上的觀光客樣貌，充滿著和諧與尊重的氣息，看到這個場景，我深感羞愧也得到學習，而那位穿著臺灣制服兜售廉價紀念品妹妹的畫面，從此進入我心，提醒著放下內心的濾鏡與升起平等心。

## 十八歲的絲綢之路，初嘗旅行的美好

大學聯考結束隔天，母親送給我一個禮物，她問我：「想不想去走走絲綢之路？」原來母親同輩的朋友們要去朝聖，母親表示我可以跟她們同行，不過我得負責帶著弟弟妹妹一同前往。

這個從天而降的大禮，把我拉出聯考的深淵，我帶著弟妹一路從西安、蘭州、敦煌、烏魯木齊，遊走到天山的天池，騎馬奔馳在天山的草原，走在武則天陵寢的山丘上，騎著駱駝緩緩行經敦煌沙洲月牙灣。那年是二〇〇一年，北京申奧成功，我跟弟妹們見證了蘭州當地挨家挨戶拿出鍋碗瓢盆敲打慶祝的盛況，簡直看傻了眼，在是舉國歡騰的當下，朝聖團的阿姨們居然要我們待在房間內靜坐！

從小叛逆的我當然不從，私自帶著弟妹偷跑去城裡玩，我跟妹妹跑去燙頭髮，在洗頭店認識了新朋友，說要帶我們去蹦D見見世面，我問啥是「蹦D」？新朋友說：你不知啊？蹦蹦跳的 Disco 啊！我跟弟妹聽了快要笑倒在地，踏入「蹦D」時，聽到播放的歌曲都是像〈高山青〉或〈青青草原〉系列的組曲，大開眼界。

旅途中的某天，弟弟跟同團的阿姨們吵起架來，原來阿姨們一直跟路邊賣水果的大叔殺價，弟弟看大叔一身窮困，終於忍不住頂撞年長的阿姨們說：「你們有沒有良心啊！他看起來這麼窮，你們還要殺價！」我被弟弟突如其來的正義感所震住，並感動著。

這趟旅程，是我慘綠少女年代的解放之旅，升學背負的沉重壓力暫時拋在一旁，踏上才剛考完的地理歷史的場景裡，彷佛教科書本重現在我眼前，原來長久以來我硬背下來的知識，是這樣活生生地存在於這個世界上啊！我一路被大山、大水、大草原滋養著。這趟高中畢業後的壯遊，讓我初嘗旅行的美好滋味，這次的旅程奠下了我喜愛獨自旅行的伏筆，日後有更多的旅程也盡是前往古都、古老的國家駐足；而古老的歷史，醞釀出豐厚的人文風情及宗教生活習慣，一直深深吸引著我。

# 恆河上的划船老人和童工的眼淚

因爲工作的緣故，我在二〇〇六年初次踏上印度的土地。我代表臺灣青年去參加國際志工世界大會（IAVE），抵達後才發現大會上清一色都是十六到十八歲、最長也不過才二十歲的青年，二十四歲的我已是資深青年代表。這些來自世界各國參與社會運動、公共服務的志工們一起聚集在聖雄甘地紀念館，這裡是甘地被槍殺的所在，紀念館還有當年甘地演講的舞臺及最後步行的腳印。

會議中我第一次聽見大家高喊甘地說過的話：we must be the change we wish to see in the world——你必須成爲改變，在你想看見的世界上。這句話陪伴著我度過了往後五年在非營利組織的熱血生活。

除了志工大會的行程，由我們自行安排的在地旅行見聞，也引發我種種思索。

清晨五點天未亮，划船的老人急促的敲著我們下榻旅店的房門，睡眼惺忪中想起前一天與船夫的約定，急忙跳下床，奔赴恆河渡船之旅。老人帶著小孫子，靜靜的提起重重的船槳，槳划過水面激起漣漪，朵朵祭拜用的鮮花及懸浮蠟燭悠悠的漂浮在水面上，清晨沐浴的人們虔誠的背影，千年以來未曾熄滅的燒屍廟聖火，在沿岸階梯上靜心的瑜伽修行者，生死畫面歷歷在目。

此時太陽升起照亮河面，我與旅伴不發一語，內心震撼地體驗著首次的恆河之旅，划船活動近尾聲，老

船夫跟我收取從上午五點到八點的費用，他說了一個極度便宜的價格，我暗自在心裡開心，覺得賺到了！但同時也想著勞動了一上午卻只賺到這樣的工錢，可以生存下去嗎？不禁爲老人與小孫子擔憂了起來。

在前往菩提伽耶的路上，司機突然駛進巷裡的一家地毯工廠，叫我們多多支持在地手工品，而我一下車不經意路過昏暗的工廠，往內一窺，看見點著燭光陰暗的地毯工廠，在手工織檯上坐著一個個小男孩，我的困惑是：這些小孩不需要去學校嗎？瞥見一位在牆角正在哭泣的小男生，不知他爲何被罵，這時我想起昔日看過的那本《解放兒童》，過了幾年，我在印度看見了現實的童工實況，心裡揪起一陣難過與理解，我追問著地毯工廠的老闆：「爲何是小孩在工作？難道不需要上學嗎？」老闆說：「我們在照顧這些孩子，提供他們飯吃耶！」

在菩提伽耶，我與旅伴去了二千五百年前釋迦牟尼佛成道的菩提樹下，清幽充滿綠意草皮的環境，種植了許多菩提樹，這裡曾經是那爛陀大學（Nalanda），是世界上歷史最古老的大學之一，也是精進佛學之處，亞洲各地的學子湧入，包含來自中國的玄奘，佛教哲學的傳播之處與發源地，如今卻很難想像這裡曾是傳播佛教的聖堂。一千多年後，我們在此，看見生命的無奈、無常在日常生活中，看見無法改變他人生命的種種，看見每個人皆有不同的命運及此生學習的功課。

# 2.

# 西方取經之旅，波士頓世界月經大會

一切得從二〇一五年初的南印度Auroville（曙光村）奇妙的際遇說起。

那時我坐在Eco femme（註一）辦公室前方的空地上，與來自美國的芮秋相遇，當她得知我在尼泊爾推廣布衛生棉及推動環保正向經期時，她說：那你一定要來波士頓一趟！我們正在推動一個Sustainable cycling project（永續腳踏車，又稱永續月經）的計畫。這個計畫由一票姊妹組成，到時候會一路從美國加州騎腳踏車到波士頓的月經會議現場，主辦者規劃了總共三百公里的騎程，一路上會有各地的姊妹陸續加入腳踏車隊伍，沿途會到教會、學校、社區分享永續月經及環境的議題，介紹並發送各種布衛生棉及月亮杯產品，邀請大眾思考更環保並以更正向的態度看待月經議題。

我一聽，就覺得這個計畫太酷了！直說：「好，那就這麼約定了，月經大會見！」約定的當下，完全不知道赴會的經費在哪裡。神奇的是，就在那年四月份，突如其來有一筆小額的贊助款進來，不多不少，剛好夠支付我前往美國的機票交通費，我也在波士頓找到臨時住所——朋友的親戚家可以讓我免費住宿，就這樣水到渠成——月經會議我來了！

## 參與會議的初心

抵達會議現場的那天，就被入口處一整片紅色所驚豔，來自世界各國的婦女月經相關計畫組織齊聚一堂，現場有個小市集，提供給與會的組織展示或銷售自家產品。過去不管在臺灣或尼泊爾推廣布衛生棉參與市集時，都深深覺得布衛生棉是相當冷門的一項產品，不過現在身處的市集，卻是滿滿的來自世界各國的布衛生棉、月亮杯、天然海綿、月經褲及各種月經教育的教材。令人注目的還有來自英國的月經教育組織 Stains（污點），用外漏的經血污點圖案，開發出各式產品，經血污點胸針、項鍊、耳環等禮品，現場歡樂紅成一片的盛壯，讓我不知不覺也興奮了起來。

自從二〇一三年創業以來，常是以自己一個人的方式在做工作上的推展，三年過後，想要了解「棉樂悅事」操作的方式及方向是否正確，起了想要跟國外相關組織連結的心願，期待能認識國際上推廣月經革新的組織，而已經成立二十多年美國的月經社會研究學會（Sociality for menstruation research）正是這屆世界月經大會的主辦單位，很開心有這麼一個學會做爲世界各國月經議題學習的平臺。

長年推廣國際月經衛生日的德國組織 Wash（Water, Sanitation and Hygiene）也來到了現場，Wash 將每年的五月二十八日訂爲國際月經衛生日（Menstrual Hygiene day），主要是在發展中國家推廣衛生教育及經期教育，不過當 Wash 的代表上台發言時，台下的與會者紛紛舉手表達：如此神聖美麗的節日，爲何要加上衛生兩字呢？難道經血很髒？大家議論紛紛，覺得要改成月經美麗日之類的意見，現場臺上臺下的對話相當熱絡，也歡迎各種不同的意見及聲音被聽見。

下一場次的與會者代表，是留著長髮看起來相當清秀的女人，不過卻蓄著鬍子，原來是跨性別族群的代表，高喊著：「別忘了跨性別者的月經權！我們雖然是生理女性，但我們認爲自己是有月經的男人！請不要漠視有一群男人也有月經！」

## 西方與東方的經血文化衝擊

我在尼泊爾推廣布衛生棉時，很常遇到來自西方的女性跟我說：No thanks, now I stop my period! 之後有了更多與西方女性接觸的機會，才瞭解到：原來西方社會的女性爲了避孕，施行 IUD（子宮內避孕器）手術相當盛行，另外最普遍的是長期吃避孕藥，或是爲了讓經期正常，婦產科醫生也會開避孕藥給初經來的少女，就我認識的女性朋友，有不少即是從年輕時就開始長期吃避孕藥；而我原以爲西方女性會更開放的討論經期話題，但後來發現，可能是因爲重視個人隱私權或其他因素，女性月經的話題事實上很少被公開討論；此外還有過度使用止痛藥、避孕藥、改變賀爾蒙的藥物等依賴藥物的問題，總之西方社會也有不同層面的問題存在。

由於東方社會有運用傳統醫療養生保健的知識，以臺灣來說，婦女病的問題，可藉由中醫的知識，讓女性知道經期時間要好好照顧身體，諸如：寒冷的東西不能吃、要吃溫熱的食物、多喝薑茶、注意保暖等簡單的保養之道，或是透過穴道按摩降低經痛等問題。當我跟來自西方的女性分享月經保健之道，大家都驚呼神奇，紛紛都說月經期間從來沒有特別注意或保養身體。

會議的現場有一區是月經主題藝術展覽區，女藝術家用來創作的素材有拋棄式衛生棉、棉條、各式與月經有關的材料，最特別的是一位經血藝術創作者 Jen Lewis，她跟老公一起參與此次的會議，並發表她的經血畫作及書籍。這位藝術家說：她都使用月亮杯，這樣比較方便收集每月的經血，由於血量有限，每月都很珍貴的收集起來並冷藏在冰箱裡，僅供創作時使用。

另外還有藝術家專門收集置入式棉條的導管，用無數的導管製作成子彈槍，圖像爲：一位女戰鬥士手持棉條導管子彈槍（象徵捍衛女權）。有一幅來自亞洲創作者的作品令我印象深刻，是將拋棄式衛生棉捲成花瓣的圖形，排列成一朵盛開的花，每個花瓣上有一顆紅蛋，紅蛋的顏料渲染在衛生棉上面，象徵女人每月的排卵及新生命的誕生。

## 來自各國的月經革命運動者齊聚一堂

很多獨自參與會議的女性，工作剛好都是 Doulas（註二）陪產員，在一些西方國家溫柔生產已經盛行多年，許多女性開設個人工作室成爲陪產員，還有來自世界各國的女性療癒工作者，最令我印象深刻的是來自荷蘭的 Iris，她正在著手寫一本月經革命的書"*Menstruation Revolution*"，她本身也是一位溫柔生產的年輕陪產員，在荷蘭有一間工作室，推動月經革新的工作，月經大會不久前她拍攝了一系列裸體相，是各式各樣經血從陰道流出在大腿上的照片，藉此想表達經血一點也不污穢，邀請女性與自己身體連結。

而來自英國的 Stains 組織，透過戲劇工作者編出一套月經用品舞作，專門進到學校課堂，用幽默好笑的方式對學生傳達月經用品有很多種選擇，會議現場也邀請大家一起上台大跳月經用品舞。

四天的會議很快就進入尾聲，大會組織邀請各個參與單位捐出禮物，作爲對下一次會議的贊助，我以「棉樂悅事工坊」的名義捐出一個月亮禮盒及一套六種版型的布衛生棉，當世界各國的月經產品布置在一起時，深深覺得我們目前受到的月經教育還有很大的進步空間，光是經期用品就可以有很多彈性供選擇，而不是老舊的單一模式，很感動這些來自世界各國姊妹們的共同努力，讓我更加確認自己工作的價值與方向。

大會最後的晚宴活動是即興舞臺，邀請大家用各種方式上臺表演，讓我眼界大開，許多人選擇用詩歌朗誦的方式表達自己的訴求與渴望。其中有一場是身體行動劇的演出，表演者正是當初在南印度邀請我來參與會議的芮秋，她全程靜默不發一語，安靜的走上台，把觀衆當作成一面大鏡子，細細的觀察自己的身體，之後，開始一件件的把衣服脫下來，直到全部脫光，接著，用挑剔的眼光在虛擬的鏡子裡，一一觀看每個屬於女性特徵的部位，她拿出麥克筆在胸部上面把胸部畫大，在小腹的部位畫上X，在大腿的位置畫瘦一點，畫到全身上下無一可取之處，全裸的芮秋，最後帶著充滿麥克筆塗鴉的身體，安靜的走下台。

她的演出象徵了社會主流審美價値及媒體對於女性身體的扭曲，芮秋用沉默有力的方式表達了抗議，表演結束後，現場先是一片靜默，而後開始有人大聲鼓掌，到最後全場的人都站起來鼓掌及歡呼。

這無疑是一場震撼之旅，讓我瞭解到全球的姊妹們早就已經在不同地方展開行動了，

我不是孤獨的，你也不是；
你的痛苦，就是其他女性的痛苦；
你的喜樂，也將是其他女性的喜樂；
我們是連結在一起的，行動已經展開，世界正在連結中，改變已經開始。

---

註一：是位於印度曙光村的布衛生棉社會企業。由來自澳洲的 Kathy 及荷蘭的 Jasmine 於 2010 年所成立的。
註二：Doulas 這個名詞來自於古希臘文，意思是女性的照顧者，泛指陪伴生產中的婦女，提供生產過程身體及精神上各方面的支持與協助。

# 3.

# 希臘，女人僻靜營（Yogini Retreat）

二〇一六年盛夏，宇宙回應了我在前一年十一月所下的訂單，當初有一個很強烈的直覺告訴我，需要去希臘一趟，而此行的目的是——療癒自己。

我從尼泊爾出發，飛往雅典，在雅典待了三天，著名的神殿、奧運發源地……等世界文化遺產，都無法吸引我的注意，一心一意只想要前往 Corfu 島，潛入內心與自己同在。

第一天女人圈開始時，來自世界各地的女人前往圓型木屋，也就是我們此次的修道院，屋內揚起輕柔溫

暖的梵唱，軟墊圍成圓形，邀請我們各自就位，見到這個場景眼淚已在眼眶中打轉，我知道，這裡有一個位子是爲我而留，我在此刻已回到「家」。

木屋內蕩漾著美麗的梵唱旋律，都是我不曾聽過的曲調，然而我的喉輪很想要跟著一起唱，我依循著音調發聲，急切的看著手上的梵文歌詞，就像是哼著一首在很久很久以前就唱過的曲調，是多麼陌生又如此熟悉的感覺。我在慢慢的找回「你」。

這回我到了西方取經，想要學習及了解西方女性，尤其是歐洲，北歐的女性，如何面對自我療癒及如何走在女性自我意識覺醒的道路上。這次的工作坊，帶領人是北歐挪威人，多數學員來自歐洲，但進行的方式卻是中西合璧，東方與西方的文化交融，讓我感知到人眞的需要向外走，才能看清本身的文化在自己身上的顯化爲何。

在女人圈中的許多練習是透過靜來帶領動，也就是說，許多的練習都是在學習放掉控制及放掉想要，或是我需要做什麼。許多時候，我根本搞不清楚，（事實上也不需要搞清楚），女人圈工作坊到底要進行的課程內容爲何？

## 放掉念頭，交由身體帶領你（Embodiment through your body）

我們把身體的空間交出來（give space），看看在特定的議題或學習主題上，身體它自然有什麼感覺及想法，我們創造一個安全的空間（hold space），讓身體來帶領我們認識，當身體自然流動時，就會帶動著情緒，當情緒自然流動時，就會是一個理解，療癒的開始。

往往經驗告訴我們，需要透過頭腦理解接下來會發生的事情，然後對身體下達命令要如何行動，於是很多事情及行爲是在我們的預期內發生，但若你能全然的信任身體，然後交付給它，讓身體來說話，讓身體來表達，一旦這個信任產生，你將會驚艷於自己的身體，彷彿認識了另一位新朋友般，感到興奮與驚訝，原來自己有如此多的面向，原來許多的問題，僅需要靜下來，交付給身體，給予空間讓身體去表達。

我第一次如此靠近自己的身體。

## 集體意識的覺醒與連結，女人們將一起轉化

何謂「集體意識的連結」？其實是一種同理心的擴散，我可以感受到你的好，你的苦，當一個家庭裡的女性成員是不快樂的，周遭的人，下一代的子女都在受影響；當一個家庭裡的女性成員是快樂的，充滿愛的，整個家也會受到轉化。

在女人圈的練習中，是一種活著的智慧傳承，每一位女人都是獨特的，有各自的生命歷程與脈絡。因此，每個人可以貢獻出獨特的特質及生命經驗，我們成爲彼此的鏡子，我在你身上看見我（I see you in me），你也從我身上看見你，我們在此時此刻相聚，作爲彼此學習的一方明鏡。

我們匯集成一股能量，想要集體轉換的能量，我們向內尋求眞我，期盼更加認識自己，我的出現在女人圈貢獻出自己的能量與智慧，當我離自己更加靠近，生命的結鬆動時，處於女人圈的大家也會跟著調整與鬆動，因爲我們是一體的，我們是每個獨特的生命體，但同時又可以聚合，當一個人轉化生命時，活出光與愛的能量，活出生命的渴望，此時她是會帶動周圍的人改變，不必祈求其他人改變，只需觀照自己，活出自己全然的樣貌。

## 死亡與重生，Kali 女神的練習與重返子宮

其中有一天的練習當中，我們邀請了 Kali 女神，她是強烈的原始能量，潛意識的神，她幫助我們打開傷口，

屬於自己的傷口及象徵人類的傷口，並且允許自己發洩出長久以來的憤怒與任何想要出現的情緒。

我在練習中，如同經歷了火山大爆發一般，在太陽神經叢的地方，有很強烈的情緒與感受，完全的不受控制，進入到一種痛徹心扉的哭喊，由海底輪出發到臍輪，下盤產生劇烈深層的情緒，無法停止，我感覺到自己的某部份已經死亡，非常的激烈。

當天下午，我預約了一場 wasu 的療程，這是一種在水中進行的浮力按摩方式，帶領者會在水中抱著你，透過水中的引力，邀請你全然的放鬆，在水中漂浮及滑動，在無重力的狀態中，會感受到類似回到子宮的感覺，在經歷了如此激烈的上午後，我需要水流動的淨化，離開水面後，感覺到新的我正在慢慢重生中。

由於工作的關係，每年我都有一段時間，長時間在尼泊爾生活，在山中，有著喜馬拉雅山的守護，穩定、扎根的力量。

來到希臘 Corfu 小島，則是被一片很靜的海洋圍繞著，海面上有著細細的水波，一波接著一波的微浪，輕輕的吻著海岸線，海岸的兩側有裸體海灘，熱愛大自然的人們，赤裸著身體，享受著海洋的洗禮，光溜溜的曬著日光浴，然後再跳入海

中，很自在的與自然及身體相處著，很美的經驗。

一位義大利姊妹跟我說：

Women needs to sing, needs to move and dance

Women needs to touch,

We needs to healing from each other……

女人需要唱歌，身體需要律動及舞動

女人需要被碰觸，

我們需要作爲彼此的療癒者……

爲時四週的女人僻靜營，深深讓我發現身爲女人的美，一種由內而外散發的光。這種狀態是因爲當一個人，她深知此生的使命爲何，爲自己生命全然綻放時，是光芒無限的，而我看到的就是這種美。

# 4.

# 屋久島，銀河的祭典，相遇女上師 Ema

爲了追尋我喜愛的這個日本音樂創作家庭 Yurai，我來到了屋久島，踏上潮濕的苔蘚原始林，依循魔法公主的電影場景，走入山獸神的千年森林。

第一次聽見 Yurai 的音樂是無意間在 Youtube 上看到的，畫面中見到一個女人抱著巨大的神木，隨後帶著另一群女人在壯闊的山海面前跳著 Hula 舞，小動物與小孩們在跳舞的女人身旁跑來跑去嬉笑著，好美、好美的場景，激起我想跟著大家一起跳舞的念頭。

Yurai（ゆらい），這個家庭樂團由媽媽Ema擔任主唱及二胡手，爸爸擔任打擊及鋼琴混音手，大兒子是吉他手，小兒子則是鼓手，一家人共同創作並旅行至亞洲各個國家巡演，分享愛與和平的理念。

二十多歲時的Ema，原本要去印度旅行，途中行經中國上海，與路邊拉二胡的老爺爺相遇，在語言不通的情況下，向這位路邊的爺爺學習二胡，每日每日的練習與交流，就這樣習得了二胡的演奏精髓。Ema說，語言不是最大的隔閡，而她也沒有踏上印度之路，生命的路自有安排。

和Yurai的音樂初相遇，便感覺到靈魂與音樂直接感應連結，雖不懂日文，但眼淚卻落個不停，渾厚溫暖充滿女性力量的音頻，滋養了我度過生命的許多高低起伏。我買下Yurai所有的音樂專輯，多次與主唱Ema通信，與她分享我的感動、表達愛慕與景仰之意，Ema在驚喜之餘，也熱情的邀請我前往屋久島（やくしま），觀看難得一見的月全蝕，並參與來自銀河的音樂祭典及靈性島嶼舞蹈工作坊。

## 闖入樹精靈的國度

屋久島是宮崎駿電影《魔法公主》取景的所在，島上有一棵七千二百歲的古老屋久衫，有多達二千棵樹齡達二千歲以上的神木深根在此，有四十多座超過一千公尺的山，小小的島嶼卻是日本最早列爲世界自然遺產的土地，海平面從二十五公尺上升到一千九百三十五公尺，豐富多樣性的生態環境完好無缺的保留下來，是一片充滿靈氣、珍貴的原始母地。

我靜靜的走在白谷雲水峽的原始林道上，心裡想著這片母地孕育出《魔法公主》這部世界知名的動畫電影，這會不會是古老森林想要藉此跟人類說話呢？

守護山獸神森林的狼神，跳躍在苔蘚樹根上可愛的白色小精靈，深夜裡出現在山中洞穴湖泊的麒麟獸，有著神聖巨大的鹿角，夜裡會轉化爲半透明的山獸神，祂具有療癒的能量，可以讓生命起死回生，而魔法公主從小被母狼神收養，被這片神秘的森林孕育養大，魔法公主的使命是誓死也要捍衛古老的森林及動物界朋友們。

走到了千尋瀑布，手觸碰著長滿綠色苔蘚的石頭及樹根，如此柔軟的大地，一抬頭看見千年的屋久衫，彷彿是樹神聳立在眼前，屹立不搖的提供樹上多達十五種其他生命及動物們生長的空間，像個美麗又相互依存的小宇宙般，冷冽帶著杉木香清晰的空氣，吸氣吐納中，感受到這世界神奇的所在，我心裡思索著是否有另一個平行的空間，一直努力要跟我們連結說話，傳達智慧的訊息？而人類總是忙忙碌碌，忘了身旁這些可愛靈動的小精靈們。

開車環島時，兩旁盡是山林，隨處可見屋久鹿及屋久猿，猴子在樹上吃果實，自然落下的食物可供鹿兒食用，這兩種動物是相互依存的好朋友，沿途是無盡的海洋映入眼前。看見路牌寫著海中溫泉，立馬下車，脫下衣服跳入跟海連成一線的溫泉裡。島的北方海灘是海龜產卵的保育棲息地，海龜受到黑潮的影響，每年五月到八月是產卵的季節，聽民宿打工的年輕人說：「夏天來屋久島，還可以跟藍色和紅色的海龜一起游泳喔！」

## 來自銀河的禮物，滿月音樂祭典

月全蝕這晚，太陽與月亮終於相聚在夜空，天際出現紅色月光，太陽慢慢的蓋過月亮，在短時間內感受陰晴圓缺的變化，而後滿月再次出現，多麼奇幻的神秘時刻啊！

音樂祭典在海邊的草地上舉行，來參與的多半是當地家庭及居民，只有極少數觀光客，而這些家庭許多是從日本本島移居過來的新住民。二〇一一年的「福島事件」，讓許多日本年輕人覺醒，開始思考所謂永續快樂的生活模式，決定從僵化的社會結構跳脫出來，就這樣，屋久島出現許多年輕人的臉孔，這些人多半是農夫、藝術家及熱愛山林的創作者。

會場上還有著小巧可愛的市集，充滿用心手作的甜點，月桃葉的茶，美麗的蠟燭，各式創作者的作品，現場蕩漾著輕鬆自在、分享生活的快樂氛圍。我跟友人坐在草地上，望向前方廣闊的大海，舞臺搭設在海洋的前方，工作人員細心的擺滿了各式大小的蠟燭，隨著天漸漸暗，燭光慢慢被點亮。孩童們興奮地在草地上奔跑，大家隨性或坐或躺，等待著月娘從海平面上升起，就像是等待一位美麗的女人，從被窩裡緩慢的甦醒般。

月光穿透海面上的霧氣，漸露光芒，帶著橘紅的色澤穿透海面升起，這時背景揚起跟月光同調的音樂，舞者身穿全白的棉質衣裳，雙手捧著蠟燭，連結流動的樂曲，即興舞動著美麗的身軀，現場奏著來自古老梵文的靈性樂曲，透過西塔琴及塔布拉鼓的節奏，邀請大家進入和諧的旋律中。

接下來 Yurai 樂團的音樂登場，主唱 Ema 身上戴著運用島上的蕨類做成的花圈，在月光下拉起了二胡，背景揚起了號角的聲音，像極了海上鯨豚對話的音頻。Yurai 這個由一家四口組成的樂團，由媽媽擔任主唱與核心，可以感受到全家人連成一心，we come as one，所呈現出來的音樂就是一種「合一」的經驗。

整個音樂祭典跟著月亮及太陽一起走，從太陽覆蓋住月光到滿月重現光明，上升到海平面上，樂曲的最後，從有聲到無聲，工作人員將現場的聚光燈關掉，進入一片黑暗，閃耀著月光的時刻，沒有任何聲音，大家一起靜靜的看著月亮，享受這個殊勝的時刻。音樂祭典沒有正式的開始，也沒有正式的結束，整場活動順著「流」流動著，這是我人生在世感受到最美、最單純的音樂心靈饗宴。

## 山海的連結，鯨魚的智慧

屋久島別後，人生的際遇讓我在二〇一六年與 Yurai 一家人在尼泊爾重逢相聚，在大兒子的吉他聲中，Ema 跟我一起隨興唱起歌，我分享著剛學會的梵唱，大家一起哼哼唱唱，享受著當下的時光，在加德滿都 Patan 古城的百年旅社裡，停電點上蠟燭，與我最愛的樂團在一起，心裡相當的激動，這場景很像在電影中才會發生的畫面，我們喝著啤酒興奮著討論著 Yurai 來臺灣分享音樂祭典的可能性。這個夜晚讓我感受到生命的機緣是一個牽動著一個的事件，無須一直計畫未來，當你準備好時，未來的可能性會自動來找你。

在緣份的牽引之下，二〇一八年我邀請 Yurai 來到台東舉辦山海合一，靈性島嶼 Hula Dance 的活動，並與大妹秀蘋統籌樂團在臺灣的首場音樂會。我們帶著音樂團隊住進了台東都蘭山裡，白天前往海角咖啡面海的大草坪上跳舞，閒暇時 Ema 就採集森林裡的月桃葉，用大鍋將葉子煮軟，然後帶著大家坐在地上，用月桃編織的線纏繞著腳趾頭，透過身體的拉力進行月桃纖維的編織，我們為彼此編織著美麗的花環與頭圈。

依著都蘭山，傍著太平洋，臺灣及日本友人一起圍成圓，跳起靈性島嶼舞步的畫面，至今在記憶中仍清晰可見，一個活著的儀式與傳承，從日本島嶼漂洋過海來到了臺灣。有一天跳完舞，大家圍坐在草地上聽 Ema 說故事：她說起自己所習得的智慧以及會開始唱歌跳起舞，都是來自於古老鯨魚的教導，如今我們也都因為鯨魚的呼喚而相聚在此時此刻。Ema 也教導我們要去聽風的聲音，季節轉化的聲音，靜靜地去感受太陽，月亮，星星所傳遞的訊息。

二〇一八年底我應 Ema 之邀前往沖繩參與冬至的草船音樂慶典，看著日本各地的家庭齊聚一堂，由傳統蘆葦船的編織航海家，帶領著男人、女人、小孩去在地採集蘆葦草並且曬乾，齊心同力的編織出古老上百年前祖先航向大海的草船。

在冬至當天的清晨進行了草船航出海面的儀式，這天當太陽從東方升起時，滿月將於西方天際落下，在海面上空的東西方形成一個節氣轉換的重要時間點，大地從這一天進入冬日的修復。這是我第一次看見落入海中的滿月月落，原本一早開車時還以爲導航設定錯誤，怎麼方向會與日出完全相反，原來是 Ema 想要榮耀與連結二〇一八年最後一個滿月，最後一個月落，最後一個節氣。

沖繩島嶼清晨的海風刮著我的臉龐，我想著南島的祖先們，依循著天地循環的節氣與儀式，無畏巨浪的浪頭，親手滑著編織的草船，迎著太平洋的風，聽從鯨魚的呼喚，滑向未知，去尋找，去發現，那一直都在的源頭。

每到秋分之際的風吹起，總是特別想念在日本的生命導師 Ema，她身形嬌小有力量，既纖小又大器，自信又謙虛，深邃的雙眼充滿智慧，整個人散發出由內而外的從容與自在。

手掌指甲滿是藍染的藍，長年穿著手染 indigo 的棉麻布料，手腕及腳踝都套上自己編織的腕套與襪套，每一層的毛線顏

色皆不同，這些顏色取自於自然節氣裡的植物，Ema 說每個節氣裡所生長的植物都蘊含著大地的能量與訊息，我們要將大地節氣所傳遞的能量萃取出來編入自然纖維中，這些天生地養的植物就像大地母親的胎盤般連結著人類，滋養著人類。

Ema，從身體裡唱出最遙遠的歌聲，帶動著一群女人跳出與宇宙頻率共振的舞，並在日本及亞洲展開遊牧一般的音樂創作生活與靈性島嶼 Hula 舞蹈的傳承與教學。

是她教導我什麼是不費力的力量與顯化。該發生的就會發生，我們能做的只是全然的交付與信任，想起當年我們在台東山海之間跳舞，原來彼此早已是靈性島嶼的一家人了。

# 5. 在半月與滿月之間——尼泊爾，希臘，義大利的月亮旅程

這是一段在四個月中，貫穿行旅於三個國度的月經實錄。

在半月與滿月間，
這個神祕的月經時刻，
我們只能臣服於自己的身體，
交由身體的智慧來運作，
學習接納身體，信任身體，給身體空間。

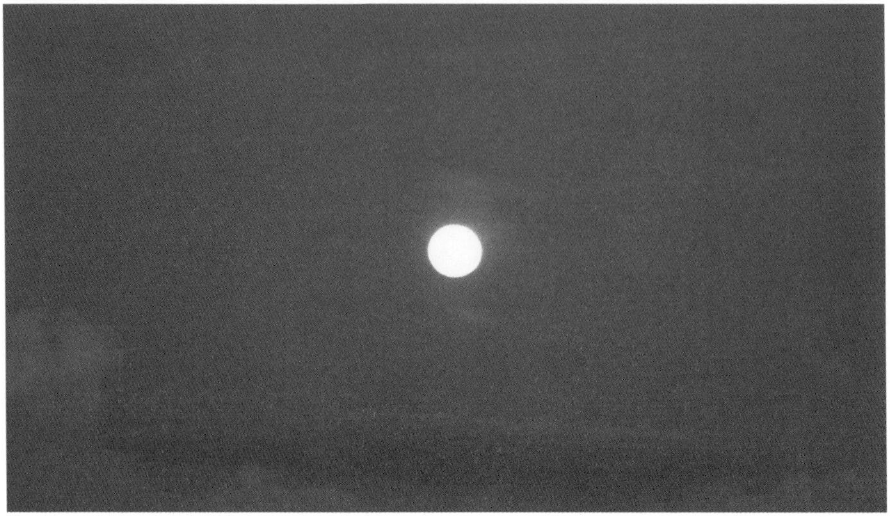

## 五月二十一日滿月前一天
## 地點：尼泊爾 Lukla，山中健行小屋

剛完成長達十天的健行的我，身體從海拔五千四百公尺步行下降到二千八百公尺的 Lukla，整個放鬆，也可以用鬆懈來形容，不敢相信自己居然走完全程，完成當天因爲氣候不佳，窗外的皚皚雪山前下著雪，起了濃濃的霧氣，小飛機停飛，我們無處可去，只能待在下榻旅店。

完成健行的隔天，月經來敲門，正是時候，大概是因爲身體透支，加上天氣寒冷，我的子宮發疼發痠，趕緊跟下榻旅館的雪巴族老闆娘借熱水袋，這個熱水袋看起來年代久遠，已經泛黃了，當睡到頭昏時，我下樓到大廳，靠著火爐旁取暖，將熱水袋塞入登山褲裡，幾乎整個人陷入椅子中，跟著一群興奮到不行的剛下山的美國團，看著雪巴人與聖母峰的紀錄片，片中記錄了紐西蘭探險家與雪巴人（Edmund Hillary and Tenzing Norgay）第一次攻上珠穆郎瑪峰的傳奇……，我抱著懷中年代已久的熱水袋，想著這間屋子充滿的各種登山客的傳奇故事……

在這裡住了兩晚，我沒有帶布衛生棉，只能在山上買了一捲昂貴的衛生紙加上各式手帕充墊著用。

上午散步到路邊茶館喝熱呼呼的酥油茶減緩經期的不適，喝完全身都發汗了，整個下午、晚上都窩在床上休息，隔天天氣轉晴了，各國旅客衝向機場，等待搭上小飛機，度母航空（Tara Airline），雪人航空（Yeti Airline），或佛陀航空（Buddha Airline），各家航空公司的小飛機緩緩降落在懸崖旁的短小跑道上，我搭上度母航空，內心祈禱著順利平安降落加德滿都。

## 六月十五日滿月前五天
## 地點：希臘雅典，Airbnb 民宿

我的身體離開了充滿混亂與生命力的加德滿都後，在土耳其伊斯坦堡過境，飛往雅典，六月十五日當天我在清晨五點起床，準備搭上七點半的飛機飛伊斯坦堡，在機場耗掉四小時後，終於在當天晚上九點多抵達雅典，訂了民宿的接機服務，算是對於第一次來歐洲的我，減輕了一些心頭上的壓力。

此次來希臘最大的目的是參加爲期一個月的女人僻靜營，六月十八日飛抵 Corfu 小島，六月十九日僻靜營正式開始。在六月十五日晚上我的月經悄悄來了，沒想到這次提早來了快六天，對於月經提早這麼多天來有點驚訝，難道是希望我能好好休息，完成週期，然後迎接女人僻靜營嗎？感謝我的身體，總是都替我想好了。

## 七月十七日，滿月前三天
## 地點：希臘 Corfu 小島，友人島上家中

七月十五日完成四週的女人僻靜營，感覺就像是死亡與重生般的過程，整個人 reprogramming，重新輸入系統，就像是輸入程式般需要過程時間等待，與舊的系統整合一般。

而這時我的經期幫助我潛入內在，安住當下，沒想到居然在女人僻靜營認識了唯二的東方面孔，相認後發現是臺灣姊妹，我住進了這位臺灣朋友家，好好休養，潛入我心中的大海。在經期的這幾天，燉煮湯麵給自己吃，躺在床上發呆，幫自己按摩。

在僻靜營的期間，認識了來自義大利的 Anna。Anna 跟我分享她每個月都會將她的經血，獻給大自然，許下祝福，將自己的一部份回饋到土地，有天 Anna 跑來問我，知不知道村裡有一棵百年的阿嬤橄欖樹？她特別走到阿嬤橄欖樹下，進行她個人每月一次的儀式，將經血獻給阿嬤橄欖樹，將她的一部份留在 Corfu 的土地上。

而我在經期的第三天，也就是離開 Corfu 島前一晚，參加了一個非常感人的音樂會。來自世界各地的音樂家，共同參與 Sound and Silence Music Festival（聲音與寂靜音樂會），大約有八位音樂家輪番上陣，全程表演都是即興演出，在靜與動之間，完全的專注並與隨時連結共同表演音樂者的脈動與氣息，如此細膩、流動，綻放生命力的音樂，讓我完全的著迷在其中，隨著音樂起舞。

舞臺是一個圓，前方有許多小孩在玩耍與跳舞，舞臺的四周也有人們隨著音樂起舞，表演者、聽衆、小孩們都浸入在這個音樂之流中，隨著感受，帶動著肢體，沒有主持人，沒有流程，但卻是我看過最感動的表演之一，感覺大家合一在一起，打破演出與觀者的距離，透過全體投入在當下的現況，呈現出當晚的豐盛。

音樂會結束後，我與友人前往海邊的滿月儀式，當天在中午聚餐時，大家臨時決定相約夜晚要在海邊慶祝滿月，走在午夜的海灘上，看見遠方升起火焰，在月光下，我朝著火的方向前進。大夥聚在一起，享受火堆的溫度，在一起唱了幾首歌後，就各自進入自己與滿月的連結，我走向大海，雙腳浸泡在水中，看著月光照亮整片海，走回到火堆旁，我拾起身旁的天鼓，開始拍奏了起來，邀請自己進入天鼓聲，海浪拍打聲中……

## 八月十三日滿月前五天
## 地點：義大利羅馬，女子背包客棧

剛結束爲期四天三夜的北義小旅行，我跟著 Anna 來到了 Cinque Terre 五漁村，我們兩位女人，開心地搭著小火車，穿梭在世界遺產海邊的古老漁村，上午喝著我們最愛的豆奶 Cappuccino，吃著現烤的可頌，去海邊游泳曬太陽，散步到小鎮的制高點，看夕陽，享受著夏天，很簡單很幸福。

八月十二日上午 Anna 與我道別，她要前往瑞士與愛人會面，而我又回到一個人旅行的狀態，啟程前往位

於山上的青年旅館，在山上靜靜的度過一晚，隔天上午在山上散步，之後就準備進入瘋狂移動的一天，先搭公車再轉火車，再搭飛機，轉地鐵，預計晚上九點抵達羅馬。

我背著約十五公斤的大背包加上胸前背的小包，加起來應該有十八公斤，從小鎮搭火車前往 Genova 城市，再轉搭公車到機場，飛往此行的最後一站羅馬。

到了羅馬下榻旅店已經晚上九點多了，是一間專爲世界女性背包客服務的客棧，我訂了三晚的單人房，希望能在這裡安靜的度過返臺前的三個夜晚。

終於抵達房間後，卸下重擔，我癱在床上，幾乎完全都無法動彈了！上完廁所後，我在內褲上看見一絲血跡……

我的月經選擇在我返臺的前三天抵達，她似乎希望我度過這個完整週期後再回到臺灣，同時可以避開八月十六～十七日，長達一天多的空中飛行旅程。當下我看見身體的智慧，情緒也從一開始的不悅感，轉換到完全的接納月經的到來，同時感謝內在月亮週期的貼心，隔天是我在羅馬的第一天，在這個全世界最浪漫美麗的城市裡，我選擇待在房間裡，享受人生第一次的曬子宮！

洗完澡，全裸躺在鋪著布巾的地板上，身體朝向大窗戶，光束從大窗照射入房間內，照在我子宮的位置上。我邀請光熱敷我的子宮，感到身體開始放鬆了起來，熱呼呼的光減緩了經期的不適，我慢慢的在光中睡著了。

完整休息了一天後，隔天我決定探索羅馬這個美麗的城市，發現梵蒂岡居然離我住的地方只要步行二十分鐘，就開始慢慢散步到梵蒂岡，看著地圖順利地走到了聖彼得廣場，被來自世界各地的朝聖者圍繞著，我問了路旁的工作人員，請問有機會看到教宗出來演講嗎？工作人員說：「喔……今天是聖母重返天日，再過五分鐘，教宗就會出來與大家發表演說！」頓時覺得沒有安排，就是最好的安排，跟著人群走到廣場中，過幾分鐘後，備受世人尊敬，重視人權議題的現任天主教教宗方濟各現身，全場歡呼聲四起，教宗開始發表對於世界的祝福，並邀請大家爲世界祈禱——兩個月的歐洲之旅的結尾，竟是如此的幸運，可以見證並出席這一刻，我沉浸在對世人的祝福裡。

在希臘時，有一天跟女人圈姊妹喝茶聊天時，我談起了面對一個人旅行時的不安與困惑，這時友人拿起了 yogi tea 茶包袋上的吊卡，上面寫著：

Empty yourself and let the universe fill you.（放空自己，交由宇宙來豐盛你）

朋友說，這就是你旅行時需要做的，如此而已！

我在聖彼得廣場上，想起這段話，感受到它的意涵——宇宙的安排，竟是如此的豐盛。

# 6.

# 走山，喜馬拉雅 Gokyo 聖湖之旅

前往藏傳佛教 Gokyo 聖湖健行之旅早在二〇一五年已約定，當初預計同行的有友人 Jade、大妹秀蘋，還有我的伴侶 Y，原想用十八天一起健行到聖母峰的基地營及藏傳佛教的聖湖 Gokyo Lake，同時爲伴侶即將展開的環球世界之旅祈福，不料成行前發生尼泊爾大地震，原本的組合只得作罷，隔了一年，碰巧有兩位藏族藝術家朋友也想一探 Gokyo 聖湖之美，又很順利的在旺季買到了前往 Lukla 的機票，我們搭乘的是 Tara Airline（「綠度母」航空，綠度母爲觀世音菩薩的化身，度母，梵名 Tara），出發前一天臨時找到一位挑夫，開出一日十三塊美金的合理價位，因緣俱足，就這樣我們上路了。

在尼泊爾工作多年，這是第一次有機會嘗試長達十天的健行，一下飛機就是海拔二千八百公尺的 Lukla，接下來預計利用五天～六天健行到目的地海拔五千四百公尺的 Gokyo Ri，每日健走的時間約四到六小時、每天以上升一千公尺左右的高度行進，沿途約每隔一小時就可見供旅人休憩的 Tea House 及休息點，依照前人經驗，通常每天抵達預定目的地的時間約在下午二～三點左右，這意味著有充裕的休息時間讓身體慢慢適應逐步上升的高度，同時也有機會探索每晚駐足的各個古老村落。

在高海拔區，每走一步路，都可以感覺到身體經絡與骨骼間的相互合作，以便找到步伐與呼吸的頻率；而眼前的美景，彷彿給你神奇力量，引領你往前進。一路上深深體會到要學習信任自己的身體，傾聽自己瞬息的呼吸，將自己開放的交給自然界。同行的藏族朋友也說：

We are going to the mother nature, she won't harm you,she will protect you and love you.（中譯：我們將走入大地母親之中，她不會傷害你，她會愛你、保護你）

那些可愛的高山杜鵑林，隨手捻的藏藥杜松葉所散發的香氣，迷霧中的犛牛群，清晨的日照金山，群山環繞的湛藍色聖湖，延綿的喜馬拉雅雪山及聖母峰，深深覺得自己闖入山神的國度，如此的純淨之地，此時此刻，存在就是充滿著光與愛的祝福。

## Khumjung，海拔 3790m，千年藏村

Khunjung 是傳說中有雪怪出現（Yeti）的千年藏村，村落的寺院供奉著約五百多年歷史的雪怪頭顱真跡，據當地八十多歲的雪巴族阿嬤述說著，約十幾年前 Khumjung 仍是喜馬拉雅高山雪巴民族（Sherpa）的集貨地，位於中國邊界的藏人會來此聚集進行貨品的買賣及交易，然而長久以來的市集文化，隨

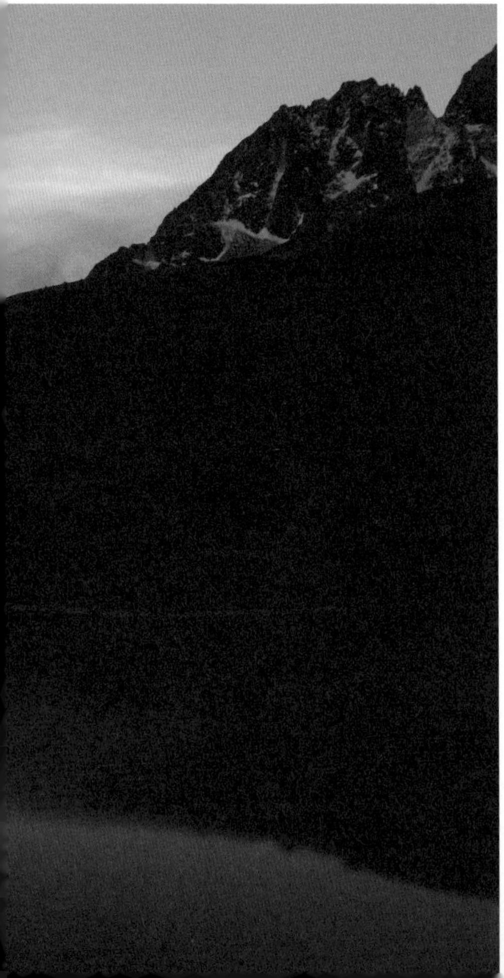

著中共邊境嚴厲的政策已消聲匿跡了。

看著靜靜座落在雪山前的村落，已經無法想像以前各地的藏人會牽著背負各種貨品的犛牛，行旅於此進行交易與買賣的情景。這裡是跟玉山高度相近的高山平地，傳統的房舍多半以石板屋爲主，但因爲二〇一五年的地震後石板屋倒塌，重建後全村都改爲綠色系的鐵皮屋頂，僅剩非常少數半倒塌的石板房舍，我努力拼湊著以前傳統房屋的樣貌。

隔天早晨我意外地在清晨五點起床，往窗外一瞥看見粉橘色的天空及閃耀著金色光芒的雪山，跳下床後衝出旅社，發現所在的藏村被高聳的雪山圍繞著，可以清楚地看見Ama dapulam（註）雪山，美得不像話，但在五分鐘內雲霧繚繞，風雲變色，吃完早餐喝完熱騰騰的酥油茶後，我們開始朝雲霧團邁進……

## Dole to Machherma，海拔 4110-4470m

路途中我們看見最後一棵高山杜鵑後，就開始進入僅有礫石的沙漠峽谷地形，綿延峽谷的盡頭爲世界第二大的冰河，峽谷的後方聳立著世界知名的雪山，全球最高的二十座高山皆在尼泊爾境內，彷彿已進入另一個時空。

走在超過四千公尺的高度後，深深覺得爬山是一種身心與大環境天衣無縫配合之下所產生的行動。在吸氣吐納之間，在每一條經絡之間與意志力相互合作。沉浸於寂靜的山中，與自己的心魔搏鬥著，根本不是表象上看來 peaceful 的悠閒活動，截至第五天爲止的經驗，我感覺到多天數的健行其實心智狀態是很繁忙的，新的風景、新的動植物、身心的體驗、與自己的對話、試著專注的回到步伐及呼吸上，根本就忙到沒有閒暇時間可以拍照；但，總是會有這麼一刻，山會幫助你腳步輕盈，思路清晰，出現前所未有的自由感！

這時的我踏著規律的步伐，開始從內長出自信心，學習把自己開放的交出去，感恩隨之湧現，山就像是神一般、眞理一般的存在著，無可撼動。

## Gokyo Lake to Gokyo Ri，海拔 4800-5400m

前一個夜晚我想是因爲輕微的高山症發作，整晚多夢難以入眠，清晨四點很快就來臨了，同行的友人把我從溫暖的睡袋中叫醒，僅喝了一小杯溫水，整裝後戴上頭燈就開始了整趟行程最具挑戰的 Gokyo Ri 攻頂，天色尚未亮，我靠著微弱的天光走在完全沒有植被、光禿禿的礫石上，眼前的 Gokyo Lake 被天色染成粉色的湖面。

住在這座山的小鳥因爲沒有樹可以築巢，以鑽地洞的方式住在洞穴裡，沿路上各種鳥兒剛起床吱吱叫，從地洞鑽出來一點都不害羞，彷彿已經習慣登山客的存在。約莫一小時後，前方雪山山頂被光照亮成金色的，光閃耀著大地，這時我開始擔心以如此龜速的步伐，八成是無法在日出前抵達山頂，內心因此焦躁不安，這也影響了我的氣息，頓時呼吸的節奏被打亂，步伐也開始散亂了起來，攻頂的信心也動搖了。

當我覺知到自己的身心狀態後，重新調整呼吸，試著改變心態，心裡想著：只要平安抵達山頂就好，我願意接受眼前的一切，不要對於眼前的風景有任何的執著，此時此刻已經是最美的，這時我把念頭放在藏族朋友跟我

分享的苯教經文（Mantra）Om Ma Tri Mu Ye Sa Le Du——這是在佛教傳入西藏前就已存在於藏人區域的古老經文，我每用登山杖跨出一大步，就在內心默唸一遍，就這樣的，心慢慢平靜下來，步伐也恢復規律的往前行。突然間我的右側被強烈的光照射著，太陽出來了，照亮了大地，Gokyo 聖湖及四周環繞的雪山變得炫目無比，空氣中似乎沒有一絲雜質，如此的清晰純淨，我停下了腳步，面向陽光，接受海拔五千公尺日出的洗禮。

距離最後一哩路約莫還

有三十分鐘的路程，這時同行的友人回頭來找我，陪伴著我爬上了海拔五千四百公尺的 Gokyo Ri 山頂。抵達的瞬間，我找了一塊大石頭坐下，另一位早就抵達山頂的藏族友人跑過來擁抱我，說我是強壯又勇敢的女人！

我待氣息及體力稍歇恢復後，用力的睜大雙眼，發現眼前聳立著世界最高峰珠穆朗瑪峰（Mt Everest；藏文稱 Jomo Langma；尼泊爾文稱 Sagur Matha），頓時感覺被眾神圍繞及被祝福著，靈魂深處湧出無限的感動，眼淚不斷滑落，我在山頂上錄了一段對家人及愛人說的話，接著就坐在珠穆朗瑪峰前靜心，完全地沉浸於山神的愛與懷抱之中，充滿著對於大地之母的感恩與喜悅。

Life is simple，生命是單純的，只要有目標，慢慢地順應自己內心的步伐，總有一天會抵達彼岸。

---

註：位處東喜馬拉雅山群，海拔高 6812 公尺，Ama Dablam 藏文意旨母親的項鍊。

# 7.

# 愛在擴散，德蘭薩拉

我的伴侶Y，在人生第三十六年選擇中場休息，出去遊走世界。謝謝正在行旅世界的Y，讓我有機會來到印度德蘭薩拉與他短暫相聚，這裏是尊者達賴喇嘛的西藏流亡政府所在地。

我們在月亮高掛的天空下相遇，距離上回見面相隔快半年了。

從尼泊爾出發前我問：「需要帶些什麼東西給你？」

Y說：「只要你來就好。」

## 重溫兩人行旅的滋味

我總是一個人旅行慣了，二〇一六年夏天在歐洲的兩個月，卻讓我覺知一件事：一個人旅行其實不好玩的成分佔多數，尤其是當自己一個人背著重達十多公斤的大背包，真的是要從背包客變回拖行李箱旅行比較實在，在移動的過程中，經常是體力及意志力在硬撐，我不禁在心中吶喊：下次不要一個人旅行了！

這回暫時告假尼泊爾的工作，抱持著出去玩一下就好的輕鬆心情，上網申請印度 E-visa 觀光簽證，訂張從加德滿都飛往德里的機票，一天就搞定！

待在德蘭薩拉的日子，讓我重新意識到兩個人旅行真是「太輕鬆了」！幾乎什麼都不用做，整天懶洋洋的喝奶茶，吃美食，聽佛法課，轉經輪，單純當個依賴男友的無知觀光客——人生真是太美好了。

下榻的旅店房間有著整面白淨的落地窗，早晨暖暖的被日出喚醒，盤腿坐在陽台看雪山和老鷹；之後散步走在大街上挑選吃早餐的餐廳，有美式、印式、藏式及中式任君挑選，早上總是要喝上現煮奶茶或咖啡才過癮，還有新鮮的檸檬薑汁蜂蜜熱茶。吃飽飽休息一下後就要準備去聽佛法課，上課的環境清幽，有種被安全感環繞的特殊磁場，每次我都處於快入睡的狀態，基本上是享受著聽不懂但音頻很好聽的藏語，加上充滿愛的環境，光是待著的感覺，也很喜樂。

走在街上，三五成群的喇嘛與阿尼們（女尼的稱呼），總是腳步輕盈、說說笑笑、面容充滿的喜悅與朝氣。

橘紅色系的喇嘛服穿梭在各式咖啡廳及社交場合，各種學習佛法的語言交換——主要是僧侶們想要學習中文及英文，而外國人想要學習藏文及佛法，一切都在午茶時光進行中，整個小山頭充滿著學習交流與分享的氛圍。

德蘭薩拉，是一直在流轉的城鎮，許多藏人因爲等簽證，或爲了準備出國才停留在此處，此地只是暫時停留之處，以前的家已經回不去了，確實也就像藏人的命運。有天傍晚，Y帶我去參觀達賴喇嘛的大昭寺及他的住所，我們穿越了熱鬧的大街，走入一處幽靜、帶著淡黃色系的建築體，看起來相當簡樸，走到盡頭處，有一棟約兩層樓的房屋，就是達賴喇嘛的家。

我有點愣住，這位世界知名的宗教領袖，所主持的大昭寺及住家都秉持著簡樸，夠用就好的特質，散發出寧靜、和平、充滿愛的磁場，眞是教世人敬重與愛戴的尊者啊！有一位格西（註一）跟我們分享，達賴喇嘛說：我知道有很多中國來的間諜在此處打聽訊息，拜託請務必讓我們知道，不用這麼辛苦，我們會邀請他們，並誠實的把他們想要訊息一一告知！

大昭寺院旁有一處充滿綠意的森林步道，作爲藏人轉經（Kora）的路線，每日的轉經（註二）像是結束一天，進入夜晚前的儀式，常見年邁已高的藏人手持念珠，唸誦著嗡嘛呢叭咪吽（六字箴言），腳步平穩，專注的持咒走路，沿路有許多白毛黑面的猴子家族，跳躍在兩旁的樹叢堆中，此時夕陽灑在轉經人們的背影上。我一邊走著，一邊邀請自己回到此時此刻的當下，感謝今日所發生的一切，我又用心活過一天了。

## 愛的擴大，談愛情談成佛

在這兒的每一天，總有機緣與格西、僧侶們聊佛法，開放地分享著佛的話語與智慧，邀請佛法哲學走進生活，這些修行人以慈悲耐心爲我們解說，時不時的幽默話語及大笑聲在一杯杯的奶茶中展開。

由於我有梵唱練習的興趣，平日喜愛綠度母及藥師佛的咒語，但我僅能唱，並不懂得含義，有天友人洛桑師傅跟我分享他平日清晨起床後的靜心及持咒儀式，我一聽，就跟著一起唱誦了起來，這正是我熟悉的綠度母及藥師佛經。洛桑師傅相當意外並開心我懂得這些梵唱，我順著機緣邀請師傅替我解釋原意，並重新錄音起正確的梵文發音及意涵。有些事情不懂，但卻一直做、每日做，有天緣份到了自然就會懂了。

在德蘭薩拉的期間，相遇許多在此當志工教喇嘛中文的臺灣朋友，好奇的想要了解爲何喇嘛們想要學習中文？內心想著，他們應該厭惡中國才是吧！後來洛桑師傅與我分享，達賴喇嘛說過：「不要去嗔恨中國人，應該學習中文，向中國人傳遞佛法智慧才對。」

我在藏傳佛教上學習到何謂愛的擴大，就像是原來成佛並不是爲了自己求解脫，而是爲了利益衆生，這樣的心念每每讓我聽到，當下都會流下眼淚，並想著：如何把小我擴散到大我？如何把小愛擴散到大愛？

許多人問我：「Y環遊世界，不在你身旁是否覺得孤單？」但在這半年來，我發現因爲我們彼此給對方近乎全然的自由，而這樣的空間讓新的可能性長出來了，我看著在遠方的他傳來張張旅途上的照片，讓我重新相信愛情，比他待在我身旁時更愛他了。

謝謝達賴喇嘛，感謝藏人沒有因苦難而嗔恨，反而轉向世界擴散慈悲心，愛心與佛法智慧。人生在世最重要的是真實的喜樂，死亡只是脫下一層衣服，心識將永遠存在。

在德蘭薩拉短短的停留，已在心中種下福田。

（註一）格西：藏傳佛教格魯派僧侶經過長期的修學而獲得類似博士的佛學宗教學位。

（註二）轉經：是藏傳佛教的一種宗教活動，即圍繞著某一特定路線順時鐘行走祈禱。

# 8.

## 義大利，西西里島的樸門共享經濟「新」生活

地中海情懷的純樸小島，就像是盧貝松的經典電影《碧海藍天》的場景般，不同層次的藍色海洋，海水緩緩地拍打著海岸線。

在曠野中，四周延綿著光禿的山丘，有著活火山的炙熱地形，植被種類相當單一，這裡可見整片的橄欖樹園，充滿著杏仁及開心果，同時也是柑橘的盛產之地。

漫步在古老的山城中，鋪著石頭的步道上，以教堂廣場為聚集中心，到了下午時光，整個城鎮染上金黃

色的光芒，沉沉地睡去，店家都關起大門睡午覺去了，夜晚居民才慢慢熱鬧起來，音樂、美食、燭火點亮了山城。

離開希臘後，我降落在西西里島的 Palermo 機場，出發前友人叮嚀我：不要在 Palermo 停留太久，很危險，最好立刻搭火車去找你朋友。這趟，我是應二〇一二年一起在尼泊爾 Hasera 農場樸門基礎設計課程（PDC）結識的友人 Elisa 之邀而來。

我先到希臘待一個月參加女人僻靜營，當 Elisa 得知我要去希臘的 Corfu 島，她傳了訊息給我：Come to Sicilia, stay with us as long as you want!（來西西里島找我們吧！要待多久隨你！）她原是在國際兒童人權組織工作，當年我們一起上完十四天的樸門課程，而後分道揚鑣，我創立了棉樂悅事，而 Elisa 則是結束在亞洲多年的 NGO 工作，決定和伴侶 Kengi 一起回義大利山上學做起司。

這段期間，她意外懷上小寶貝女兒，也從北義大利移居到西西里島，終於找到理想深耕的土地，並與朋友們合租十年起跳的老舊農舍，並齊心合力整修共同生活的空間、嘗試著跳脫傳統就業的方式，已經開始了自給自足的生活，並在自家的橄欖樹園手採橄欖，生產起高品質的橄欖油，並製作橄欖油手工皂。

抵達的這天，我背著大背包急急忙忙的跳下火車，來到了叫 Campofelice 的地方，此城鎮也稱之為快樂營地，Elisa 和 Kengi 抱著剛出生四十五天的 Anita 來火車站接我，四年不見了，我們開心地又親又抱，互開玩笑說：這次的相聚是尼泊爾樸門 PDC 課程的成果驗收！

## 山林的悲歌，西西里島流行火燒山

有天午後，空間瀰漫著煙霧，我眺望著遠方綿延的山林，看見一台台的小飛機在天空中盤旋，然後投下陣陣的白煙……我困惑地問朋友，發生了什麼事？友人嘆氣說：放火燒山，今年夏天已經發生很多次了！

聽說西西里島的消防員數量跟加拿大整個國家一樣多，這是在地政府輔導臨時就業的計畫之一，島上面臨著嚴重的失業率問題，而這批所謂的消防人員其實沒有太多事情可以做，有時爲了消耗預算，居然就放火燒森林，然後再派消防員駕著小飛機去滅火，這種荒謬的行爲，眞令人難以想像！

西西里島整個大環境已經進入沙漠化狀態，相當乾燥，放眼過去盡是枯黃之地，過去的綠蔭已不再，沒有森林擋住來自地中海的風，降雨量也下降，而枯黃的山丘是牛隻的放牧地，一群群的牧牛不斷地吃著牧草，土地更貧瘠了。

Let's clean the forest, and they just burned it! 當地人說：這是歐盟的補助政策，許多牧民爲了要開闢新牧場，也開始放火燒山，爲了要讓放牧地看起來「乾淨」最快的方式就是火燒山，聽了各式的說法，讓我不得不爲此地日益嚴重的環境問題感到擔憂。

## 樸門共享經濟的實踐，互助支持系統的建立

我拜訪的期間，巧遇每月一次、每次三天兩夜的樸門聚會趴（permaculture gathering party）。在這個樸門社區施行著輪流互助系統（Permaculture community support system），定期聚會的法則是：每人帶著足夠自己吃三天的食物，到別人家的農場進行換工幫忙，這樣的互助聚會已經行之有年，當我跟朋友抵達時，看到參與的每個夥伴井然有序地工作著。大家把自家農場的食物聚集到廚房，交由廚房組自由發揮，而大廚們都是對於料理相當堅持的帥氣農夫，由於想要學義式料理，就先跑去廚房組報到。

接待農場的主人則是有著建築師背景的家庭，他們改造了自家的綠建築，帶領著我們參觀蜂園，農場也增添一頭可愛的驢子一起協助農作，夫妻倆信奉著藏傳佛教，是個樂於奉獻愛的家庭，與社會局合作收養了兩位被遺棄的孩子，我看見這兩位小孩被大人們抱來抱去，跟著大人們在田裡一起忙碌，在橄欖樹上吊單槓，很佩服主人們的良善心念。

這三天的共同工作日的分工方式，僅在牆上貼著各組工作內容的字條，內容包含工作說明及需要的人數，現場並沒有所謂的領導人協助大家分工。每位夥伴在不同時間抵達，先熱情擁抱、親臉頰噓寒問暖後，就自己到各組去查看工作現場的狀況，然後自行判斷加入哪個工作團隊；若發現所需人數已經足夠，就自在地在一旁喝咖啡、開始閒聊起來，想工作的人就工作，想聊天玩樂的人就自己去玩，想要睡午覺的人去睡覺，沒有一定要幹嘛的規定，一切採取自主管理；結果預計需要三天的工作量，居然在一天內就達標！

到了夜晚更是精彩，開飯前，廚房組的大廚會慎重的介紹每一樣菜色，然後大家一起敲鑼大喊開飯囉！自家釀的紅酒、白酒輪番登場，現場揚起音樂，大夥圍起火爐開始唱歌跳舞，自然的歡慶聚在一起的時光。所謂的支持系統，不光只是工作上的換工支持，更是感情上的連結與支持。

活動的最後一天，大夥從上午就展開道別的儀式了，跟來的時候一樣，先是抱抱親親，噓寒問暖一翻。這回參與換工活動者約莫三十人，幾乎每個人都跑來跟我聊上幾句，抱抱親親的道別，讓我打從心裡感受到西西里島人民的溫暖。在這一天，大家也會圍坐成圓，共同討論西西里島上各式環境議題，以及各家農場面臨到的問題，並共同決定下個月要去哪家農場換工。

## 臺灣達人料理工作坊在西西里登場

我在這次的樸門聚會上與義大利姊妹們分享了「能量操」的練習，也因此收到了新的旅行邀請。一位來自阿根廷的女孩，她在西西里島很美的一個度假勝地 San Vito Lo Capo 的背包客棧工作，她邀請我前往，並約定好幫我在屋頂搭一個帳篷，提供我免費的食宿，而交換的條件是：我要舉辦臺灣食物料理工作坊及分享能量操給更多的住客。

縱然我連西西里島東西南北的方位都搞不清楚，不過既然是難得的邀請，即使在一切都沒有準備及安排的情況下，我又搭上了公車前往目的地。而這次的旅行經驗，則是讓我重新與國小時期的自己做連結。熱情的仲夏，整天無所事事，下午睡午覺，起床吃冰淇淋，每日喝上兩杯卡布奇諾，傍晚在日落前跳下湛藍的海水中清爽一下，晚上回去 hostel 跟大家聊天、一起煮飯，夜晚我鑽入獨立帳篷中看著星空沉沉入睡，隔天一早再被炙熱的陽光熱醒。

舉辦 Taiwan Food 工作坊當晚，來了將近十多人，我教大家煮尼泊爾手工藏麵料理，還緊急越洋問妹妹辣炒豆絲怎麼做，運用在地新鮮羅勒熱炒茄子，最後再以薑黃辣炒蛋炒飯作為收場。與會者大家都吃翻天了，整個吃光光，還一邊驚呼：The best food ever!!!（生平吃過最讚的食物！）

有天傍晚，我看著遠方的山頭，想著若能爬上去多好？結果隔天下午就碰巧遇到一群朋友、吆喝著一起健行登上這座狀似僧侶的和尚山（Monte Monaco）。攻頂時看著夕陽，心中享受著盛夏長出來的自由。

西西里島給我一種粗曠，原始的風情：人民既熱情卻又保守，男人相當依賴老媽子。我喜歡西西里島人，遇上的都是相當真性情的人，有著深厚的友誼支持著彼此。旅行至此受到在地朋友的照顧，深深覺得幸運，但同時又到了需要獨立往前行的時刻了。

一個人旅行，沒有什麼時刻是最好的時刻，
當不好的時刻來臨時，接受它，
當好的時刻來臨時，享受它，
然後全然地放下。
時時刻刻都在變化，我在這變化當中，看著一切。

# 女，走往身體的朝聖

# 1.

# 修行中的女性，大殿上的月經教育

「修行中的女性（Women in Sadhana project）」計畫的誕生，對於我而言，是一個生命的禮物與奇蹟，是一種靈魂的雀躍感，由內而外的推動，從心輪轉化到太陽神經叢，變成了一種動力，跟宇宙合作一般！

在尼泊爾推動月經教育多年，一直心繫著在喜馬拉雅高山上生活的女性，直到二〇一六年展開長達十天的健行，徒步到海拔五千多公尺的高山聖湖，看見沿路的山脈中隱藏著藏族部落，這才開啟了我對於喜馬拉雅山藏族部落的接觸，並在二〇一八年有兩個特殊的機緣來到我生命。

## 位在國家森林公園的女尼寺院

著名的祖古烏金仁波切，當年一磚一瓦、在加德滿都山區 Shivapuri 國家森林公園裡搭建了女尼寺院 Nagi Gumba，提供培養女性修行者（小女尼）完整的佛學教育體系，共有約一百七十多位女尼居住在這個寺院裡。

有天來自白廟基金會的法籍義工來找我，跟我分享了山上女尼寺院的現況，創建寺院的仁波切相當講求環保、抱持與環境共存的理念，由於寺院位處國家公園，山區有許多野生動物，這些包覆經血的衛生棉，很容易引來野生動物來吃，因此使用過的的拋棄式經期用品，不能丟棄或埋在山上，都要另外花錢請垃圾車上山，把每月所產生的、用過的拋棄式衛生棉載到加德滿都處理。如今寺院有意提供經費，供養女尼以布衛生棉取代拋棄式衛生棉；另外這所山區的寺院雖然有完整的佛學院教育體系，但並未涵蓋女性的生理健康

教育課程，所以多數的女尼對於生理方面的知識，也處於一知半解的狀態。

於是，我們接到了大任務，要協助女尼寺院七十五位小女尼製作布衛生棉組合包，同時提供完整的月經教育工作坊。在製作女尼專屬的布衛生棉時，有一些限制與挑戰，由於小女尼共同住在宿舍裡，爲了避免相同花色的布衛生棉容易搞混，我們特別爲每人設計客製化的花色布衛生棉，方便同宿舍的女尼們容易識別。

但問題來了，布衛生棉一定只能使用橘色、黃色或藏紅色的布料嗎？棉樂悅事工坊生產的布棉，花色實在太繽紛可愛了，這樣適合修行中的小女尼嗎？

詢問過後，法籍志工告訴我，女尼們給予我們很大的自由度，花色越可愛越好喔！（as cute as possible!）得到這個回應太振奮人心了，我立即著手爲小女尼們選花色，配色，以便製作出令人滿意又可愛的小女尼專屬布衛生棉組合包。

## 在大殿上的月經教育

到了女尼寺院工作坊當天，我和婦女團隊及法籍志工夥伴一起搭著吉普車上山。吉普車的位置有限，我連同其他夥伴還有布衛生棉、補給品和瓦斯桶，一起塞在後座開放式車廂，一路上又顛又簸，就這樣一圈又一圈的慢慢轉上了山。我幾乎是半躺在敞開的後座，身體被震得東倒西歪的，看著眼前的上空，擺

脫了加德滿都烏黑的空氣污染，進入了國家森林區域的清爽。上空佈滿了森林的綠及天空的藍，雖然身體搖晃不已，但也增加了此任務的興奮感，身體在跳舞，森林在發光！

抵達寺院後，一行人稍作休息安頓，我們就被帶往上課的教室地點，由資深的女尼引領進入大殿。我向蓮花生大師及度母行禮後，發現我們月經教育上課的教室，就是在佛像面前進行，整個過程也真的有如神助般，課程的運作進行得相當順利。許多小女尼都是來自喜馬拉雅山區貧困的家庭，家裡無法負擔生計，送女孩來院裡學習佛法及接受一般教育，成年後大家可自由選擇寺院內修行生活，或還俗回到社會上。

工作坊從中午開始，一路進行到下午共三小時左右。年輕的女尼們，也從一開始的害羞，到最後笑聲不斷，積極地發問，分享月經的各種問題及經驗。

有一位女尼問：「爲何我們每個月會流血呢？我們

的身上又沒有傷口，血到底從哪裏來的？」

在整個過程中，我們盡可能的細心回覆大家的疑問，女尼們也出奇地專心，想要更了解自己的身體。活動的尾聲，女尼們到戶外採花，共同創造了以玫瑰花爲核心的曼達拉。

我們一起唱誦度母的梵經，爲世界祈福。這次的工作坊，開啟了我對於女尼寺院月經計畫的心願。就在首次的工作坊過後不久，又遇上另一次的機緣，這次是應女尼閉關僻靜中心的邀請。

## 修行中的女性計畫緣起

我在二〇一八年春天，在加德滿都開了一間環保民宿 Ananda Tree House，創古寺院就位於我經營的民宿對面。在那一年的秋季，創古寺院舉辦觀音法會，每天早晨我都會被百人的持咒聲和擊鼓聲給喚醒。這天也不例外，不過倒是首次喚起了我的好奇心，想步入創古寺院，我立即起身梳洗，悠悠的散步到對面，看見了衆多的藏族信徒，一早已亂中有序地坐在法會所搭設的大帳篷裡，而旁邊也架設了戶外大廚房，大鍋裡正煮著香濃的奶茶。

一位坐在後排的女尼讓出了位置，招呼我坐下，我在衆人的念誦聲中進入一種無思無爲的狀態，相當平靜。此時出動了奶茶大軍，女尼們分批熟練的手持著大茶壺，協助上百位信衆奉茶，這眞的是非同小可的任務，需要有技巧的穿梭在衆人之中，精準的將茶壺對準每一個人手上的小杯子，迅捷快速的倒入燙口的奶茶，我看得出神，很快的奶茶就出現在我的手上了，這才想起一早起床連水都還沒喝上，就直接跑來這裡了。

我細細喝著戶外廚房的柴燒奶茶，眞是莫大的幸福啊！而且還可以續杯，倒茶女尼隊會快速掃射信衆的眼神，只要投射出我還要一杯的眼神，高舉著杯子，精準無誤的倒茶隊伍就跨越人群來到你面前，塡滿

你的茶杯。兩杯茶下肚後，我在心中發願，期許未來能爲女尼族群做些什麼。

幾天後，有天一位中國女性來到 Ananda Tree House，當時一樓咖啡廳裡的桌面堆滿了待出貨的布衛生棉，這是海外醫療團隊的訂單，要送往山區義診衛教時使用的，我跟夥伴們忙著整理貨品也沒空搭理客人。

這時中國客人主動問我：「這是什麼啊？」

我簡短地回應：「這是布衛生棉。」

這位客人露出像是挖到寶一般的神情，再三確認這個產品，詢問一些基本的使用方式及版型等，就說：「那你們店裡所有的布衛生棉貨品有多少？我今天全部都買下來。」

這下換我傻住了，除了立即請員工們清點貨品，我也想要了解緣由，為何需要如此多的布衛生棉呢？

那位客人說道，對面的創古寺有三十多位女尼，現在正在偏遠地區進行重要的閉關，她想要護持及協助閉關中的女性一些補給品，於是主動詢問女尼們需要什麼？女尼們主動說需要布衛生棉，她才正在傷腦筋，想著到底要去哪裡找啊？沒想到一走到對街、步入我們的咖啡廳，居然就見到一堆布衛生棉攤在大桌上！

這樣的機緣，又讓我發現，原來不只是女尼寺院，還有在閉關中的女尼也有需求啊！

三、四個月後，我收到了來自這位中國女性用 Whatsapp 傳來的訊息，是翻拍一封信的照片，這封信來自閉關中的女性修行者，她們已經收到布衛生棉，也開始在使用中，寫了一封感謝的信。

我看著手機上的手寫信圖片，那些美麗又真誠的字字句句，眼淚潸潸落下……告訴自己：要生起強大的信心啊！要相信你的心願啊！

因著這兩個發生在二〇一八年的殊勝機緣，造就了二〇一九年「修行中的女性（Women in Sadhana project）」計畫的誕生，我們的團隊一共造訪了七間位於加德滿都及喜馬拉雅山區的女尼寺院，最高到海拔三千多公尺的 Solukhumbu（索盧坤布縣）山區，共有二百四十八位女尼參與了此計畫，同時也於二〇二〇年初在加德滿都舉辦了兩場分享會，分享這個計畫成果，並拍攝了一部五分鐘的女尼與月經的短片。（註）

---

註：（Period: A State of Purity - Nepal Women Film Fellowship，女尼與月經紀錄短片）

# 2.

# 紅袈裟下的女女相繫

我和大妹秀蘋及友人們曾在二〇一七年春季一起去喜馬拉雅山 EBC 的下環線健行。第一天行程一早五點搭上吉普車前往 Solukhumbu 山區的 Phaplu 小鎮作爲健行的起始點，隔天徒步近五個小時，終於抵達下一個村落 Junbei，當時同行的好友兼嚮導告知這段路程不會太難走，頂多三小時就會到，但我們跋涉了五小時才抵達預定的民宿。

當時的我，體力相當透支，一到民宿就癱在雪巴人舒適的木椅上，這時民宿的一個妹妹 Nima 說：「我們這裡有一間在山頂上的女尼寺院，你們一定要去走走啊！走一個多小時就到了！」

友人看著我八成覺得我一定不行了，直說：「我看你走不了了啦！」我有點鬧著脾氣的說：「走啊！我可以的！」短暫休息後，我們又在路上了。民宿小妹 Nima 開心的邊走邊跳，帶著我們穿越美麗的雪山村，繞了小佛塔，經過了村子美麗的社區醫療站，接著開始穿越森林，往上走……

不久後，我看到一匹美麗的白馬出現在眼前，還有女尼們穿梭在藏式寺院主殿的藍白色布簾之下，彷彿來到另一個世界般，如此的平靜，讓我完全忘卻所有的疲憊，全身也抖擻了起來。

## 女尼寺院的光影廚房

Nima 興奮的叫我們去喝茶，我們被邀請到廚房旁的接客室。經過廚房時，天光灑在巨大的土灶上。負責煮食的阿尼捲起袈袍

衣袖，雙手持著人身一半大小的木匙，直接站在土灶上，翻攪著巨大的鍋子，而土灶下方，正燃燒著熊熊的乾柴烈火，其他的阿尼們不時添加著柴火。這個寺院是一九六〇年代由藏傳佛教寧瑪派上師 Kyabje Tralshik Rinpoche 所創立，寺院內跟隨上師的出家眾幾乎都是來自西藏的難民。寺院每日提供四百多位出家人的三餐及茶水，巨爐上冒起了大煙，翻攪食物的阿尼滴著汗水，空間滿溢著食物的香氣，那個柴火薪茂的土灶，所有的鍋具都有如巨人用品般的規格！我看得出神，無法忘懷如此具有生命力的光影廚房。

將近兩年後，來到二〇一九年陰冷的十二月天。這一回我跟夥伴們要到山區的女尼寺進行月經教育工作坊以及紀錄片的拍攝。

清晨四點整，我整裝揹著登山包，跟護士 Wangmo 和紀錄片導演 Riwati 及香港志工小英，搭上了最早班的吉普車要前往 Solukhumbu 山區的 Phaplu。

出發前幾日山上下雪，路上都積滿了雪，對於是否能順利抵達山區女尼寺院相當的不確定，既怕被困在山區，也擔心路上的積雪難以前行。但出身於喜馬拉雅山區的高山護士 Wangmo 卻是天不怕地不怕一般，叫我們不用擔心，一副老天自有安排的樣子。

一路上吉普車顛到不行，同行的雪巴女孩把音響放到最大聲，開心的高歌起來，我的耳朵已經快要震破了，直喊：Sorry, it's too loud, we need to sleep！這時她才勉強將音樂降小聲一點。就這樣搖搖晃晃地擠在車裡，加上震耳欲聾的音樂，我們的車子駛入了 Solu khumdu 山區，前方開始出現了雪景，白茫茫的一片景色加上雪山，大家的心情也開始興奮了起來。途中在休息站的 Tea House，居然吃到了我最愛的雪巴小吃——馬鈴薯泥球湯加上濃郁香辣的山胡椒調味，眞是冬季聖品啊！

從清晨四點出發直到下午五點左右，經過一整天的顛簸，終於抵達 Phaplu 小鎮，一下車就驚覺，這不是兩年前來過的地方嗎？我們要去探訪的女尼寺院，難不成就是之前無意間造訪的山頂上的寺院？原來冥冥之中一切都已經安排好了……事隔兩年的此時此刻，我好像才知道當初爲何要來。

由於前一晚通往寺院的路上都積雪，車子無法載我們直接上山，天色已晚，大家又濕又冷不知該如何是好，也沒有事先打點過夜的地方，這時我想起了 Nima——那個熱情又活力四射的雪巴女孩，我曾經住過她家民宿啊！憑著模糊的記憶，我領著大家在黑暗中，就著手機的光，往村子深處走，依稀記得 Nima 家在村子的最後方，終於看到路的盡頭有戶人家，落地的木質窗戶透著溫暖的光。循著光，我憶起這個民宿前方的花園了，想起這個石臺階了，我打開門，丟下登山包，衝進去喊著："Nima，Nima，Where is Nima？"

霎時 Nima 居然就出現在我眼前，我倆都嚇了一跳，立即給彼此一個大大的擁抱！我知道我到家了，一路上的折騰與顛簸終於可以安住了。夜晚大家圍繞在傳統的藏式主廳，有著暖呼呼的鐵爐煙囪在房子的正中心，吃著好吃到不行的 alu pack cake（馬鈴薯煎餅）、喝著熱茶，大家都因爲可以暫時遠離加德滿都，來山區田野調查而興奮不已，夜晚闔眼鑽入睡袋，心裡期待著隔天即將拜訪的女尼寺院！

## 晨間，在光中的奶茶

Solukhumbu 的山區似乎有種魔力，尤其是早晨的光，這種光被我稱爲是天使光！

雲霧散去的喜馬拉雅雪山，散發著金色的光芒，早晨的光透過木質窗戶的玻璃灑進了室內，照在我手上溫暖的奶茶上，暖了前一晚寒冷的長夜，喝完了奶茶後，我們動身前往海拔近三千多公尺的 Thubten Choeling Monastery。

我走上了記憶中的階梯，旁邊是一條美麗的溪，溪水間有著一整排從上游而下的水中轉經輪，不停著發出穩定的音頻聲，繼續往上走，一眼就看到白馬，依舊美麗安穩地站在主寺院前，讓經過的阿尼們撫摸著白馬修長的脖子及臉頰。

寺院的女住持開心的接待我們，迎接我們到主客室喝茶，再次驚見了這個讓我印象深刻的巨大廚房，依然還是充滿了活力及旺盛的薪火，這一次我們會待上四天，想到每餐都可以吃到寺院的土灶柴火料理，就覺得太開心了！

## 身體覺知，從心連結到子宮

這一次四天的行程，總共會進行三次的身體覺知及月經教育工作坊，每天早晨，我們都帶著阿尼們圍成一個圓，在寺院的前院面向雪山做運動，這時白馬也在一旁陪伴，還有慵懶的狗狗們在陽光下睡覺，有時也會有牛隻走過，老鷹和烏鴉們在天空飛舞著，這大概是我歷經過最夢幻的晨間運動了。

我帶領的練習是幾年前在希臘小島參與女性修行者僻靜營（Yogini Retreat）所習得的方法，邀請女人去連結心與子宮的關係。

在藏文裡，藏文的月經跟腰部的說法是一樣的，導致很多

阿尼們對子宮正確的位置不是很清楚，一位阿尼（註一）說：「我們藏人叫月經 Kyedpa（waist）是腰部的意思，所以我一直以爲月經會從腰部來，直到我看見尿裡面有血，非常的害怕，我姊姊才跟我說那是月經。」

我邀請阿尼們將雙手從心的位置，移動到恥骨的上方，跟大家分享著子宮的位置及大小，雙手從心移動到子宮，再從子宮移動到心，然後再從心的位置開始向下移動到雙手碰觸到土地，讓全身放鬆在此，接著慢慢往下蹲在地面上，用雙手撫觸大地，去感受跟大地母親深深連結著，說著：「謝謝你，大地母親（Thank you mother earth）。」

接著，雙手向前延伸慢慢往上拉，整個人慢慢站起來，雙手向上到天空，擺出蓮花綻放的手印（Lotus open），再慢慢回到心前，做合掌的手印（Namaste），就這樣做三回，可以帶動全身的伸展運動，阿尼們非常認眞的做，做的同時看著彼此，也笑得東倒西歪。由於大家幾乎沒有運動的習慣，而且長時間的盤坐，身體多處僵硬，這裏痛、那裏也痛，除了勞動之外，眞的非常需要伸展的運動與放鬆。最後阿尼們叫我一定要把動作錄影下來，之後她們要看影片自己練習。

## 在畫裡，看見初經的恐懼

在認識月經的工作坊裡，由我開場講述自己第一次初經來的經驗，藉由我的分享，帶大家回顧自己的初經和多年以來和月經關係爲何？這個部份，我請阿尼們透過畫畫，將感受及經驗畫出來並做分享。

一位阿尼說：「我在尿尿的時候看見血，不知道爲什麼會流血，以爲自己病了！」經過交流後發現，大多數女尼在初經之前，沒有接收過任何與月經相關的教育，在西藏，家裡頭連媽媽跟姊姊都沒有跟她們說過，直到尿尿出現血，這種不明所以的恐懼一直跟隨著邁入中年的女尼；而且也沒有人知道尿尿的尿道口跟流血的陰道口並不是同一個！另一位女尼說著：「我在西藏時什麼都沒有用，頂多穿著三、四條褲子防止外漏。」

阿尼說著：「購買拋棄式衛生棉對我們是不方便的，因爲要從加德滿都購買帶上山。若要在山上鄰近的雜貨店買，走路最快都是一個多小時，但我們可以出門的時間有限，而且出門後也怕血露出來被看見。另外使用後要丟棄前，我們都會先把拋棄式衛生棉洗過，但洗過的衛生棉很難燒得很徹底，又怕被動物

叼出來吃，也怕被仁波切或男出家衆看見。」

我問：「爲什麼需要先洗過呢？」

阿尼說：「因爲怕血玷污到其他東西或垃圾桶。」

我想起先前在女尼閉關中心訪問時：她們曾經告訴我，通常女尼們在丟棄拋棄式衛生棉前，都會先清洗到沒有血滲出，再把拋棄式衛生棉撕開，分離出裡面的吸收體，將經血吸收體的部份直接沖入馬桶，再將塑膠的部份進行焚燒。

閉關中的女尼們從早上四點起床開始一天的修行，一上座，就是三小時，若使用拋棄式衛生棉，通常都有搔癢過敏等不舒適的感覺，閉關中的女尼期待能使用布衛生棉，因為在閉關中心裡只有女性，她們可以自在的洗，自在的用，自在的曬衛生棉！

## 面對月經，女女相繫

在藏傳佛教的觀念裡，並無月經不平等的情況，我到尼寺進行月經工作坊，有多次都直接在大殿中進行，在佛法的教義中，講求接受一切，安忍的練習。

在與許多阿尼們接觸時，問說：「會不會覺得月經不平等或對於生活造成困擾等問題？」她們的回答都是相當的自在，認為沒有太多的困難，就算是覺得不方便或有困難的地方，她們的態度是：「比起在世俗間的女性，我們已經太過於幸福、太幸運了。就算不方便，也得接受啊！」對於這些阿尼們來說：這些不便與身體上的苦，基本上都不算苦，就是接受，接受後祈禱。

在山上女尼寺院的這幾天，我看見了女人支持女人在靈性成長的道路上，是如此的具足勇氣與無比的愛，從西藏逃難跟隨著上師走到尼泊爾的山中，從一無所有，到蓋出巨大的廚房，一磚一瓦在山坡上搭建出上百間的小木屋豎立在山間上，這裏我見證到了女女相繫——女人跟女人之間無比的支持與愛，進而長出充滿力量的信仰與生活。在寺院期間，我參與了早晚的靜心。女尼們好像也不為什麼，只為了世間的和平，為了內在的和平，感受著一股平靜的力量，平衡了我的內心，平衡了這個地球。

在進行女尼計畫的過程，覺得自己好像只是稍微付出了一些，但回饋卻是無比的大，我在這裡見證到女尼間的生活，是一種女人與女人間無比的愛，支持與協助，而且是擴向於世界的，如此的勇猛與精進，就像是見證到活著的菩薩一般，具足了愛、慈悲、智慧與無比的勇氣！

## 與九十三歲老阿尼相遇

在 Thubten Choeling Monastery 尼寺的日子將近尾聲，隔天清晨我們就要搭車返回加德滿都了。在我心中具有勇猛性格的女住持決定抽空帶我們團隊去山上野餐，好好放鬆一下，她準備了許多的藏式麻花餅乾、果汁、水果，一行人就開始往後山爬。

沿路上經過阿尼們的住宿區，是一片美麗的白綠相間的木屋座落在山腰上，在這裡通常每二～三人會有一間住宿小屋，房子彼此相鄰，就像是女尼村落一般，每一戶人家都有煙囪廚房，可以自煮食物，建築物都是石頭木材等天然建材搭建的，相當簡樸美麗。

女住持說：「我帶你們去見這裡最年長的老阿尼，她已經快九十三歲了。」走過蜿蜒的碎石小路，我們來到了老阿尼家。在面對雪山的前院臺上，另一位較年輕的阿尼正燃起杜松的藏香做煙供，杜松的香氣混合在陽光中，我們低頭過門檻走進了古樸的木屋。

喜馬拉雅山強烈的光線，打入室內，照射在床邊。小小的室內空間井然有序，木質陳架上整齊排列著日

常所需的用品，床鋪旁清一色紅橘黃色系的棉被都折得好整齊。

老阿尼驚喜的見到突如其來的訪客，既意外又開心的笑了。大家彼此溫暖的喊著：扎西德勒（Tashi delek），見到老阿尼就像是見到自己的阿嬤一般親切。老阿尼很激動的握著大家的手，精神非常的好，一開口就說著：「要有慈悲心啊，對眾生要升起慈悲心啊！我們都是平等的，我們終究會邁向死亡。」不斷的，不斷的，一直重複著這些話語……她完全沒有問我們從哪裡來，爲何而來？但一開口彷彿一切也都不用再多說。若要說些什麼，好像是要用她人生的最後一口氣，告訴我們她一生的體悟。

我看見這個尼寺，是如此的敬重及用心照顧年邁的女尼。老阿尼被照顧得很好，環境整潔清淨，而最讓我感到意外的是，對於死亡的準備與安然的態度，接受生命終將走向死亡，跟所有的眾生都是一樣的。

與老阿尼道別後，我們往更高的山上爬，當我已經氣喘如牛了，女住持卻像是越爬越輕盈一般，她應該已經有五十多歲了。山頂上有一些小屋，都是閉關用的小屋，越往高處爬，我們看見越來越多的風馬旗在風中，雪山中搖曳飛舞著，老鷹似乎也離我們越來越近，到處可以見到老鷹和聽到牠們的叫聲。到達目的地後，大家隨興的席地而坐，開始享用起簡單的乾糧、水果、餅乾，女住持說：她每日忙於寺院的工作，已經兩年多沒有上來野餐了，今天終於有機會再來到這裡。大家嘴裡吃著簡單的食物，看著前方的雪山，心裡跟身體都滿滿的……

註：Ani（阿尼）藏傳佛教對於女性出家眾的稱呼。

# 3. 在生態村，走入女人聖殿（Women Temple）

An invitation to Women Temple.

Come sisters, let's pray,dance,touch,listen,share laugh or cry,inspire & discover,be as we are.

（來自女人聖殿的邀請

來吧！姊妹們，讓我們一起祈禱、舞蹈、撫摸、分享笑聲或淚水、啟發與探索，做我們原來的自己。）

偶然看到了這樣一封特殊的邀請信件，我履行了約定，前往我從未踏上的聖殿，一個榮耀女性智慧的所在，屬於女人的聖殿（Women Temple）（註）。

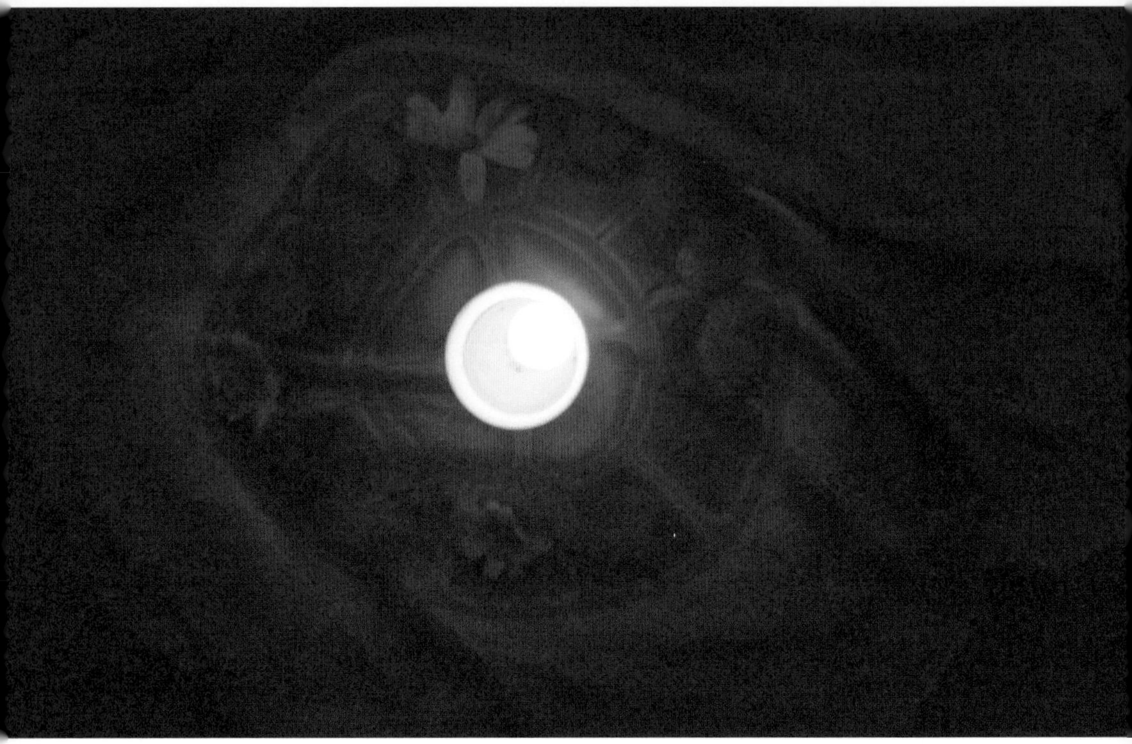

在漆黑的夜裡，僅存著星光照明，我依循著地面上的燭火，慢慢走在前往女人聖殿的路上，我看見了前方有一個可愛的小木屋，是一間名叫蝴蝶穀倉（Butterfly Barn）的小房，在踏入門口前，有一位年長女性用極溫柔的口吻對我輕輕說著：Welcome to women temple！頓時心中的不安與猜測退去，換來而之的是安定又帶點溫暖的感覺。

神殿的中心，裝飾著當天現採的紅合歡（又稱紅粉撲花），那是只有在二月份會開的花，用紅色花球排成圓形，圓的中心有一盞蠟燭，履行約定的姊妹們很自然的形成一個圓，大家各自找到舒適的位置坐下來靜心，我們聽著鼓聲，一種很緩慢、有力量的節奏，古老的韻律似乎在喚醒著什麼……

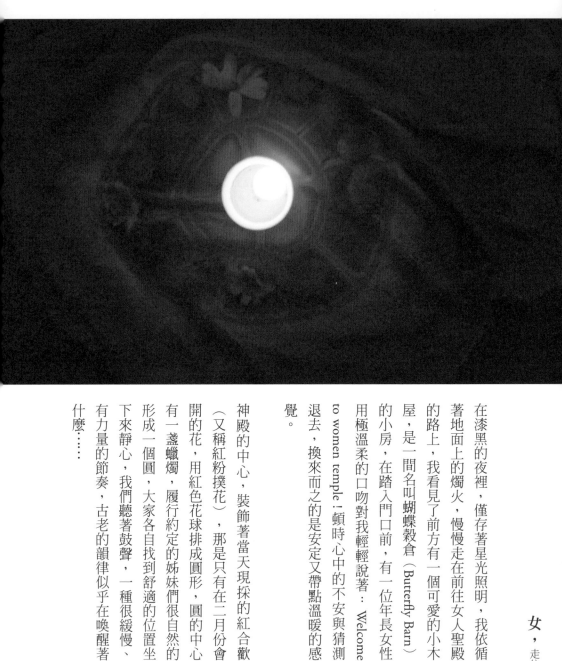

## 自然舞動　走向自我

當所有的女性陸續抵達後，一位來自美國的年輕主持者開始引導著大家，她邀請姊妹們卸下今日的疲憊，將自己交由身體，傾聽內心的流動，開始自然的舞動，頓時在空間裡的每個人肢體都起了變化，長出不同的姿態與樣貌。透過與自己連結的過程，心裡的重擔似乎又卸下了不少。

## 向下札根

接著主持人要我們兩兩一組，輪流爲彼此做一個練習，邀請我們去想像自己是一棵樹，從腳下長出樹根，向下札根到土地裡。儀式開始後，我憑著直覺，將雙手移動到夥伴的頭頂，將指尖深入髮絲中爲她輕輕的按摩頭皮，接著從肩頸，慢慢的移動到脊椎，透過帶有一點力道的撫摸，緩慢的滑向大腿、小腿、腳踝，最後到腳底。在滑動、撫觸的過程，我同時想像著她是一棵樹，一棵正在往下札根的古老樹木。

## 圓圈轉動、相互支持

接下來，我們隨意走動著，持續地在小屋裡轉動著，直到很自然的走向另一個女人的身旁，當兩人相遇時，我們的背緊貼著背，去感受彼此的身體及高度，試著找尋雙方的核心，接著把支撐身體的重量移向對方，將身體安心的交託出去，依靠在對方的背上，同時彼此雙手交扣著，從握住的掌心中傳遞支持的力量與溫度。之後，我們再度走向不同的女人，自然重複同樣的練習，彼此依靠在對方背上，握緊的雙手傳遞著女性間的支持。

## 生命的豐收

之後，三人形成一個三角形，輪流問其中一方一個問題，你過去生命的收成爲何？在這一刻，我們不去看未來，願景或是希望，而是回溯過去的生命，去看見那些過去擁有的東西、著實的經驗，並讓當下的意識與覺知，立即的說出來，不去控制與干涉意識的流動。傾聽的夥伴，則帶著敞開的心，分享對方人生的豐收，爲對方生命的收割感到喜悅，因爲你的陪伴與存在，引領對方安心的道出屬於自己人生的收成。

## 化身為大地母親

此時此地，你就是大地母親，你成爲土壤、風、海洋、雨水、日、月……

在化身爲大地母親的練習中，我們將觀想夥伴就是大地母親，並對她說出長久以來心中的感謝及想講的話，而被視爲大地母親的夥伴，則觀想著自己已成爲她，將手心朝上，接受來自對方的感謝與滋養。在練習中，深深的感受到與大地母親同在一起，她是多麼的包容與接受這世界上所發生的一切，心中充滿了無限來自土地的愛、感激與懺悔。接著我們邀請代表大地母親的夥伴躺下來，用對待大地母親的心，開始爲她按摩，從頭到腳，輕柔的親吻這片美好的土地。

## 在女人的聖殿裡

最後，我們都成爲了向下扎根的女人、大地母親、那個原本的自己！姊妹們再度回到圓圈裡，邀請彼此向中心的殿堂，給予出屬於今晚的收成，在這個當下，每人的豐收，它可以是一句話、一個字、一個感受，我們牽起了雙手，一起向宇宙獻出收穫。

註：女人的聖殿（women temple）活動起源於 Awakening Women 組織。

# 4.

# 從女性主義到女性意識的覺醒

女性主義發跡於一九六〇—七〇年代，女人們帶著憤怒的嘶吼，高喊著兩性平權，女性表達除去生理化的訴求，認為男性能做得到女人也行，在職場上或在教育領域上開始有越來越多的女性投入，女性的地位也一直攀升中，直到現今我們討論及努力的方向是多元性別的平權，尊重多元性別的發展，而現今的女人在得到平權的對待，握有權力後是否更快樂？身為女人的眞實需求為何？

曾有一位藏族的朋友問我：What women wants?
我下意識的回答：The women wants to be the women!

## 身體麻痺，連做愛都興趣缺缺

回想創業前還是都市的上班族，當時身穿套裝，腳踩著高跟鞋，染著棕色微捲的長髮，上著淡淡的妝，有天我跟著直屬長官要趕著去開會，身穿窄裙踩著高跟鞋，本來就走不快，加上我黏在後腳跟的OK蹦鬆掉了，腳後跟的皮膚摩擦著硬皮的高跟鞋，這下腳步更加緩慢了，這時長官停下來對我說：外面公司的秘書都要跟老闆走得一樣快！這時的我鐵了心，管不著流著血的腳後跟，瞬間麻痺了身體的感知，快速跟上了長官的腳步，我步伐踩著急，面容緊繃，一心一意想要表現出色，做個聽從長官溫順的下屬，但事後卻發現現實中內在的我正怒火沖天，我氣我自己，爲何任由這種事情發生！當年的我咬牙踏著流著血的高跟鞋，就是要跟男人走得一樣快！

七年的職場生涯，回頭來看，是身處於充滿陽性能量的工作場域，雖然我不是在傳統的商場就職，而是選擇非營利組織，但可以感受到整體的氛圍是在一種壓抑女性特質的環境下努力求生存，而所謂的男性能量主導的工作狀態爲競爭關係，績效導向，做事情的方式單一化，溝通模式爲由上對下，而直覺力、熱情、敏感、充滿彈性、開放性等特質被壓抑，視爲不專業的表現，因爲這些並不符合工作上的要求與期待，尤其是在女性面臨月經來潮期間，必須忍著身心的不適，繼續將自己放在努力工作的位置上，猛吞止痛藥，痛恨自己的月經爲何在工作量大時襲來，女人們的身心分離。

約莫在二十八歲到二十九歲之前，慢慢覺察我的身心在這種工作環境下的副作用，首先是失去了味覺，每到中午用餐時，我感受不到飢餓也感受不到食物的滋味，僅剩下吃的動作，我漸漸失去了一種自我核

心的力量，而成爲聽從長官工作指令的作業員，對於眼前的一切失去了熱情，我變成不想講話、不想表達意見，變成行屍走肉的人，夜裡甚至連做愛都興趣缺缺，直到有一天我失去了聲音，我的身體拒絕說不想說的話，強烈的發出求救的訊息。我感受到喉輪緊鎖、呼吸急促、內心有一種恐慌的感受突然襲捲而來，我不知道該如何反應，只覺得自己應該是病了，是時候需要停下來，看自己發生了什麼事？跟自己相處！

## 站在受壓者的位置上卻渾然不知

早期的工作要帶領年輕人出國當志工，深深覺得自己有點像是領隊身兼保姆的角色，白天在海外的偏鄉服務，雖然看似是累人的工作，但壯闊的村落景致，總是豐富滋養我的心靈，而與我相遇的夥伴都是有緣人，難得有一段時間生命可以相會，我記得在深夜完成當天服務工作後，在睡前我會透過十到十五分鐘的時間梳頭，用精油按身體不舒適的地方，做些簡易的瑜伽動作，將這十五分鐘的時間完整的給自己，慢慢的我重新與身體連結了，我回應了她的需求，因此在夜裡得以修復白日的疲憊。

有次在臺灣找到一位特別熟悉女性身體狀況的按摩師服務，結束後她問我：你有固定去爬山嗎？爲何下半身肌肉特別用力與緊繃呢？這時的我才慢慢覺察出，原來因爲過去的工作習慣，讓我保持隨時要行動的狀態，而離職後這樣的身體狀態卻沒有改變，直到遇到這位按摩師，她帶我去覺察自己臀部的肌肉是緊繃的，連帶的從臀部影響著大腿的肌群，下半身長久以來以過度用力緊繃的方式站立著，這時我才學習如何去覺知身體，身體一直反映著心裡的狀態，身體不會說謊。

我想要探索自我的核心力量與價值，其實有很多時刻，是自己將自己陷入了受壓迫的角色，雖然沒有對錯可言，因爲當時所做出的決定是爲了想要保護脆弱的自己，但做一個符合社會期待的女人，把自己化身衆人認同的美這件事情，老實講不難，你只要跟大家一樣就不會錯；然而你順從內心的渴望，聽從身體的訊息，是需要細微的覺察力與愛自己能力的推疊，愛上自己如實的面貌，清晰的看見自己所處的狀態，過去的事情已經發生了，所有的發生都是要幫助你看見，你是否能與過去的自己和好呢？

# 5.

# 陰道的力量，「性」生命之源

對於女人陰蒂的初步認識，源自於高中時期看了一本名叫《爽》的書，書中提及非洲女人實行割禮的傳統，看著字裡行間寫著割除陰蒂及部份陰唇，心想著，會是健康課本中女性生殖器官的那個小點及外陰唇嗎？我當時無法相信自己的眼睛所讀的一切！

## 《陰道獨白》戲劇公演的震撼

二〇〇六年勵馨基金會在臺灣公演世界知名女性主義者伊芙．恩斯勒的劇作《陰道獨白》，我獨自前往三重的一間老舊戲院，昏暗的舊戲院在放映廳的入口，竟然出現了彩色繽紛、點綴著彩帶的巨大陰道口，每一個觀眾都必須一一擠入這個緊緊的陰道口，穿越這個陰道口，才能進入象徵著子宮頸的走道，最後來到象徵著子宮的劇院裡就座。我小心謹慎又興奮的走入幽暗的陰道，全身去感受我就在陰道內。在黑暗的劇場，舞台燈打亮的瞬間，女演員身穿全紅的衣服站在聚光燈下說：若你的陰道會說話，她會述說什麼故事呢？

這是一個獨白的開場……

在這裡，

我看見來自非洲戰亂國殘破的陰道，

我看見身受割禮迫害的陰道，

我看見飽受性暴力摧殘的陰道，

我看見渴望性高潮的陰道，

我看見既脆弱又美麗的陰道，

若你的陰道會說話，她會訴說什麼故事？

這裡乘載著世界各地女性的陰道故事，她們是來自大地母親陰道的故事，過去的「她」受了許多壓抑與苦難，這是來自世界之中女性集體意識的痛！我在劇場流下了淚水……

看完《陰道獨白》的當天，我在活動現場立即報名參加陰道戲劇工作坊，工作坊的帶領者喬色分就是這部戲的導演。連續四週的工作坊，有來自不同年齡層、戀愛經驗、背景的嫩女、熟女、剩女及聖女；每週的女人相聚，我們跳舞，畫自畫像，談論著自身與陰道的關係，是個充滿了爆笑聲與淚水的工作坊！

有天，帶領者喬要我們站起來圍成一個圈，開始演出集體的性高潮，團體的每位女性輪番上陣，演出最爽快的高潮經驗，此起彼落的高潮吟叫聲，搭配著獨特的高潮經驗 Solo，這是我經歷過最害羞同時也最放開的演出經驗，往後我與《陰道獨白》的導演喬變成了摯友，很感謝這個特殊的緣份，啟發我與自己的女性特質，性能量及陰道的連結，透過喬，我跟我的陰道變成了好朋友。

十年後，我在希臘的女性修行者工作坊中認識了一位來自法國的朋友，我問她在法國從事什麼樣的工作？她回答：我是位陰道療癒者（Vagina Therapist），我協助陰道創傷，性交疼痛，對於自身陰道充滿羞恥的女性，協助她們療癒身心與下腹部的核心力量，協助女性與自己身體和解，然後可以自在的享受性能量。

而後當我閱讀《女人身心療癒地圖》這本書時，才了解到子宮是女性核心力量的所在，許多女性生命的經歷及情緒都埋藏於此，尤其是屬於直系母系的力量傳承，若一位母親在子宮潛藏著許多過去的傷痛，當嬰兒出生通過陰道時也將帶著這個情緒來到世上，我們可以觀察自己家族女性的歷史脈絡，當一個家族的母親是快樂的，傳遞著正向與愛的能量，這樣的狀態與情緒將擴及整個家庭。

## 畫子宮圖的經歷

我曾經與大妹秀蘋在二〇一四年共同合作「我的子宮，我的大地母親藝術彩繪計畫」，姊妹兩人也因此一起旅行五個國家，與不同的婦女團體合作，邀請完全沒有彩畫經驗的素人、難民、村落婦女、同性戀者、跨性別者、男人與女人，和想像中的子宮、自身子宮能量連結，透過自由彩繪的方式，畫出子宮力量的圖像，我也因此經歷了一次特別的子宮圖彩繪的經驗。

我拿起畫筆，憑直覺地選擇了綠色，桃紅色及金色作爲主色系，任由手中的畫筆帶領我去探索，我感覺是透過月經的過程，讓我連結了子宮，我感覺是性愛的過程，在高潮來臨時，我可以感受到整個陰道的收縮，然後整個子宮充血，帶動血液循環。

尤其是月經來臨期間的性愛經驗，更讓我感受在經歷高潮後，溫暖的血液充滿子宮，活絡子宮，協助經血排放，通常在經歷性愛後，我的疼痛得到舒緩，經血量排放更爲通順，這讓我感受到身體神奇的部份，在經期來臨時我的性慾高漲，在經歷美好的高潮後，我身體更爲放鬆，可以得到休息，而子宮充血，帶動經血排放乾淨，我發現這個自身循環的每月小秘密，但這僅屬於個人的探索，相信每個女人只要願意，都可以發現及找到身體的神秘小循環。

## 布衛生棉與陰道的關係

記憶中，可能是兩、三歲時，夜晚母親都會爲我包上尿布，我極不喜歡尿尿的地方被包起來，所以趁母親離開熄燈後，我就會用力把尿布抽出來丟在地上，然後隔天撒一大泡尿在床上，母親也實在拿我沒轍。

讀幼稚園時，我喜愛上跳舞課，有天上課前要自己換上有蕾絲邊的美麗芭蕾舞衣，我發現周圍的小女孩

竟然都有穿內褲，上幼稚園後媽媽開始嘗試要我穿上內褲，我抵死不從，不過這天發現全班只有我沒有穿內褲，我很害羞的為自己穿上舞衣。回到家後，我跟母親說：媽媽，我今天開始要穿內褲了！

回溯至今，今日會喜愛上布衛生棉也不是沒有原因的，我從很早期就開始使用棉條，我對於經期的處理方式是棉條加上拋棄式衛生棉，但屢試不爽的是每次在經期尾聲都會產生陰道灼熱，屁屁輕微發炎的過敏現象，但約二〇一三年左右我完全調整為使用布衛生棉後，這些症狀開始明顯改善，我喜愛被有機棉植物染布衛生棉包覆的柔軟觸感，另外從此內褲也一律盡量購買有機純棉系列，讓全身最細緻的陰道保持通風，舒暢，這樣才會有好心情。至今不變的是，我依然是那個愛跳舞的女孩。

## 通往地球女人的陰道，女人圈的神秘經驗

有一天在希臘的女人圈內與來自世界各地的姊妹們一同進行梵唱的祝福，我非常享受共同梵唱的經驗，全神貫注的投入共同創作的音頻世界中，唱到忘我境界，全然臨在當下。

在放鬆放空之中，我突然連結到世界上女人的共同陰道經驗，我開始可以理解各種陰道的感受：

性侵陰道的感受，

強暴陰道的感受，

撫摩陰道的感受，

生產陰道的感受，

高潮陰道的感受，

……

各種感受栩栩如生，強烈的從下半身襲捲而來，我任由這樣的神秘經驗貫穿全身，身體顫抖不已，眼淚不聽使喚的滾滾落下，我對自己說：謝謝，現在我理解了，我可以同理了，原來這就是她們的眞實感受。

而後，我讓這股能量離開我身體，放下不要去執著，我的身體僅是通道，讓它們流串經過而已，我慢慢的回歸到自己的中心，回到集體的女人梵唱中，回到女人圈中。

# 6.

## 蛻去僵硬的外殼，為生命而舞

我們每個人身上都披著一個外殼，它保護我們內外既脆弱又完整的一面，而外殼的長成是基於過去個人的生命經驗，但蛻變的過程是需要長出新殼，新的外表，讓舊的部份死去，進而邁向及探索不同階段嶄新的自我，我永遠無法忘懷二〇一五年一月份在Auroville參加的第一場女人聖殿之夜（Women Temple）。

在這個神聖的夜晚，我與來自世界各國的女人相聚在一起圍成圈，在彼此的眼裡看見自己，允許自己的各種情緒如實的呈現出來，讓內在當下的情感得以流動，讓壓抑看不見的自己跑出來，當我們透過一些練習，鬆動長久累積堅固的外殼，遇見埋藏在殼下的自己，溫柔的邀請她出來曬曬太陽，給予一點一滴

的愛與滋養，讓新的脆弱的外殼慢慢茁壯，最後榮耀祂的死去與重生，讓生命的循環得以流動。

是的！請不要懷疑女人相聚在一起的力量，我們是可以療癒彼此的，我們將創造一個安全，流動的空間，讓你的神性安然駐足在當下，此時此刻的美。讓女人圈的相聚重返歷史，過去我們就是這樣支持著彼此，我們已經分離了許久，重逢的時刻已經來到，我們要拿回屬於女人的核心力量，找回在地球上的使命與位置。

## 女人，為生命而舞！

女人的身體需要自由的舞動，回憶當自己是一個小女孩時，是否曾經開心的哼著自己編的曲子，自由的扭動身體，綻放出喜樂的笑容。即使長大後，我們的身體還是帶著這個渴望，渴望自由舞動的空間。

在希臘 Corfu 小島的女人圈練習，每日下午都有兩個小時的生命舞蹈時光，來自世界各地的女人在夕陽落下的時刻前往了圓形木屋，伴隨者音樂及引導師的輕聲細語，開始將身體的感知打開，第一首的音樂是 Arrival（意指到達）透過一首歌的時間，邀請你的身體降落在此空間，你可以自在的舞動身體，或是覺察身體緊繃的地方，然後找到舒適的方式，運用拉筋或是瑜伽伸展的動作，盡可能地讓自己舒服自在，安然地處在當下，在這個空間無需跟別人比較，沒有誰比較厲害或誰比較性感的問題，每一個女人都獨自綻放出屬於自已的肢體的美，就像是百花齊放一般。

## 練習與土，水，火，風四個生命元素舞蹈

### 土，與海底輪連結

引導師邀請我們踏出沉重的步伐，或是邀請身體躺在地面上，感受與土地在一起，邀請身體去感知原始的生命力量，連結上土後，就自然的讓身體的律動洩出來，放掉頭腦的控制，交由身體帶領你。

### 水，與臍輪連結

女人有許多的情緒及慾望潛藏於子宮，生殖輪的所在，至古以來，許多古老部落傳承的女性舞蹈，都是與大量扭動腰部與臀部的動作有關。當身體的舞動連結水的特質與能量時，我們與內在的創造力，慾望連結，開始舞動下盤的力量，帶動腰部與下腹部的力量，一路從雙腳踏在土地上的穩定的力量升起至下

腹部，這裏有著我們原始的性慾，渴望，壓抑的情緒，藉由舞動，不斷的釋放與鬆動那舊有的形象與外殼。

## 火，與太陽神經叢連結

在我們與土地連結，順應臍輪的原始的渴望，讓能量由下而上的流動，這時邀請自己與火的元素相遇，從土到水到火，讓躁動的原始能量爆發出來，火的元素象徵順應內心而展開的行動力，由內而外堅定的意志力與能量。

這時的舞蹈練習達到了高潮，女人們圍成一個舞動的火圈，然後開放給想要獨舞的女人跳入這個發光發熱瘋狂的舞動火圈，然後更多女人慢慢的加入，一同綻放舞動出來自太陽神經叢原始的動力與熱情，彼此發射出的熱能，榮耀整個空間。

## 風，與心輪連結

從炙熱的高潮退去，從火的能量轉化爲風，慢慢的我們回到最單純的呼吸上，藉由一呼一吸，去連結身體的脈動與頻率，從土到水到火，最後回到風，感受身體慢慢輕盈了起來，放掉先前所經驗的所有情緒與身體的感受，回到最單純愛的擴散，將愛與光從心輪展開，擴散到我們全身像風一樣，擴及整個空間世界到宇宙。

邀請心像小鳥一樣輕鬆自在的翺翔在天際中，剛剛完成了一趟神聖壯麗的遨遊，現在慢慢的平靜，回到自我的核心，回到心中的家裡，與自己連結在一起。

## 裸體裸游（接納身體）

在希臘的一個月最迷人之處，就是可以跳入如碧海藍天般的海洋，有一天午後，女人圈的姊妹邀我去一個秘密海灣叫 Double Bay，我們像觀光客一般興奮的搭上巴士，前往小島的另一端，接者開始步行沿著山坡小徑往下爬，廣闊的海景映入眼簾，下坡的山路越走越急，期待快點抵達雙灣，在穿越重重的地中海型植被後，我望見了淺藍與藍綠的海灣神奇的在峽谷的兩側展開。這時同行的夥伴們早已奔跑到海灣，各自找到舒適的沙區隨手鋪下毛巾，褪去衣服，全裸跳入海中，開心興奮的尖叫著，像海豚般追逐著浪潮，這一幕讓我看傻了眼，第一次的裸泳經驗獻給了希臘，我小心翼翼地踏入水中，走向水至頭部的位置，讓全身浸淫在海水裡，海水的表層有著太陽曬過的溫度，我讓身體慢慢放鬆，慢慢邀請內在的小女孩出來，開始跟著溫柔的浪波擺盪著身體，而後起身，躺在沙灘上曬太陽……

在希臘往後的一個月，我時常與友人前往裸體海灘享受海水的洗禮，裸體海灘的位置較爲隱密，與熱門沙灘相比顯得更爲天然乾淨與美麗，而大多想要享受裸泳的人，也給人一種自然自在的感受，彼此尊重互不干擾，各自沉浸在自己所屬的一片小沙地。

這個經驗，讓我開始思索自己與身體部位的關係，我難得見到這麼多人自在的與自己的裸體相處，就連

有動過胸部切除手術的婦女也能開懷大笑，盡情的沐浴在陽光下，而這時的我，也放下了對於身體的評論，接納自己的身體，看見自己獨特的美徜徉在海裡。

## 欣賞各個年齡層女人的美

在女人工作坊，似乎沒有怕老這件事情，最年長的參與者是七十二歲，把自己打扮成粉紅色的小公主般，每天跟著大家一同熱舞，而大部份的參與者是四十、五十、六十歲的女性，大家不避諱講出年齡，從此讓我開始欣賞起五十歲的女人，身穿露背背心，長襬民族風長裙，走起路來姿態搖曳，跟我談起才剛相戀的愛人，滿臉洋溢的少女般的笑容，不特別避諱臉上的風霜歲月，反倒是每日不傷大雅的玩笑話，讓臉部的線條多了生命美好歲月的累積，我第一次看見各個年齡層女性的美，各個年齡層各自綻放出獨特的美，這教會了我不要害怕老去，要去享受各個年齡所累積，醞釀出的姿態。

# 7.

# 在新月流血，在滿月排卵

開始有意識地與月亮產生連結，應該是在三十一歲生日時的東海岸都蘭。那時我送給自己的禮物是去參加「大地母親靜心僻靜營」。

十月十日生日這天適逢滿月，兩位帶領人邀請大家前往海邊，一起坐在沙灘四處散落的漂流木上，靜靜的等待月亮從海平面升起。一面等待，一面進入靜心的狀態，不久之後，海平面的顏色轉為金黃橘色，橘紅色的月亮悄悄的從海平面升起。

在我三十一歲的生日夜晚，第一次看見臺東的月升，滿月的光照耀在海平面上，一波波金銀色的浪從海面上有規律地襲來，聽著海浪聲，感受了體內的器官也被震動撫摩著，開啟了我與月亮的新連結，而後我的生命開始邀請了月亮的進入；更正確的說法，是我終於開始抬起頭來環顧天地之間，月亮的陰晴圓缺從此開始與我的生理週期產生連結。

開始每年在尼泊爾長住一段時間之後，也有個有趣的發現，不論是印度教或是佛教，大多都會在新月及滿月時有祈福或點燈的儀式。像是在加德滿都 Boudha 的滿願塔，每逢滿月時，許多藏傳佛教的在地人或外地人都會特別去繞塔及點燈，整個佛塔區在滿月及酥油燈之中閃閃發光，不論是發願還願，爲世界祈福，總之，在滿月時繞塔變成一個既定及備受期待的儀式。

在新月及滿月時，因爲受月球引力的關係，同時也是潮汐（滿潮與退潮）潮差相距最大的時候。地球上的海洋面積佔了百分之七十，而人的身體也約百分之七十爲水分，自然界的水氣多寡也會受到月亮盈虧所牽動，我一位在大溪種稻的好友跟我分享，他觀察到田間水氣間的變化，在滿月時稻田間的水氣會特別重，空氣也會特別的濕潤。

## 月經與月亮的連結

Iris 是來自荷蘭的陪產員及月經覺知的老師，我們是在波士頓月經大會相識的，有一回在線上課程中問了 Iris 這個問題：

女人的月經與月亮的連結爲何？

Iris說：女人月經與月亮的關係，可以分爲「火的時期」與「電燈的時期」。在文獻記載裡，古時的女人，以渾厚有力的雙腿，蹲在地上，讓經血直接回歸到土地裡，紅色的經血滋養著大地，當時的女人透過看月相紀錄自己的週期。

在生火的時代，女人是在新月時流血，夜晚裡自然萬物一片漆黑，爲了防止野獸在夜晚攻擊部落，女人們會聚在一起生起火，流著血，同時這段時間也可以一起休身養息，不用跟伴侶有性行爲。（在群聚部落的女人們，由於朝夕相處，賀爾蒙相互影響，較容易一起來月經）

北美印第安原住民有紅帳篷 Red tent 的傳統，女人們在月經來潮時，會聚集在帳篷內僻靜滋養，女人、小女孩、媽媽、祖母就會在帳篷內，自然地傳遞屬於女性的智慧與療癒方式。現在美洲及歐洲各地都開始有紅帳篷女人圈的復興運動。

早期許多部落都是以母系社會爲主，有一些人類學家及印度女性社會學家指出，在印度及尼泊爾都有月經小屋的習俗，這類習俗在尚未被污名化前，可能是提供女性一個在月經來時可以休息的所在，同時可以名正言順的不跟伴侶發生性行爲，不用爲全家煮食，女人可以在這段時間好好休息僻靜，但演變至今，月經卻被污名化，女性被隔離在惡劣簡陋的環境甚至跟家畜共居一室，有些喜馬拉雅山區的女性在月經來臨時陷入不安全的環境，甚至夜晚可能遭到山區猛獸的攻擊而死亡。

新月來月經的女人們，到了滿月時，大地被月光所照耀著，森林在夜晚裡發著光，視野相當清楚，人們不用擔心野獸趁黑突襲；滿月時天地萬物的能量達到飽滿，女人依循著自然界的頻率在此時排卵，夜晚人們享受著性愛，孵育出下一代的血脈。也有一種說法，在滿月的月光照射下，有利於女人的身體排卵。在發明了燈泡之後，女人在夜晚時暴露在電燈的光線之下，而非月光，慢慢的女人與月亮失去了連結，也改變了所謂的「在新月時流血，在滿月時排卵」的規律。

## 白色月亮（White moon）和紅色月亮（Red moon）

白色月亮指的是在新月流血，在滿月排卵。意味著身體與天地之間自然萬物同頻共振，能量狀態是向內的，在二十八天裡最黑的一天，休息流血，形同進入了冬季，而身體也會順應萬物間的循環，在滿月時排卵，身體準備好在這段期間受孕，迎接新的生命來到地球。

紅色月亮，則是在滿月流血，新月排卵。

能量狀態是向外的，富有強大的創造力與工作上的行動與實踐。生育下一代顯然不是目前的生命的核心，每個月所孵育出來的是新計畫、新點子、新創意，將創造力顯化於地球上。

Iris 最後說到：在許多傳統裡，如馬雅文化，印第安文化，中國傳統醫學……等，月經與月亮的連結一直都在，充滿智慧的保存著。建議女人在滿月的夜晚到戶外或陽臺曬月光，與月亮作連結，帶領自己與未知，更高的力量做連結。

之所以對 Iris 提出這個問題，是因爲想要印證我對自己的觀察與記錄。二〇二〇年新冠疫情的緣故被滯留在尼泊爾，我有大半年的時間停止了所有的工作，進入僻靜學習佛法，同時在線上修習女性自我領導與月經的課程，而我也從二月起記錄下每月經期及排卵期的月相，回到臺灣後，在十一月份把將近一年的經期及預測排卵日的月相全部畫在同一張紙上，就像是按圖索驥般在流血及排卵之中，找出身體的奧妙與大自然的韻律。

我發現在二〇二〇年上半年的經期來潮，幾乎都靠近滿月時，而排卵時接近新月，但慢慢轉化到六月二十一日夏至這天，（當天是日環食，俗稱：上帝的戒指），則有了神奇的變化，在夏至、日環食同時是新月的這天，我的月經來了，從二月到六月，透過四個月週期的慢慢轉化，我的月經似乎也進入與自然同頻的狀態。

## 在月經期間的自我療癒

在我的愛書系列裡，有一本《曠野的聲音》，書中提到在澳洲的原始部落（眞人部落）的女祭師，會拿出由經血所製作的珍貴藥材給族人治病。

我的義大利好姊妹，也曾經與我分享，她喜愛用布衛生棉而非月亮杯，就是希望「血」能從子宮毫無阻礙的流出來，在月經來臨時她會存取經血獻給大樹或大海，作爲每月週期後自我重生的儀式。

我曾經在義大利一趟長途旅行、舟車勞頓之中來月經，當下眞的苦不堪言，由於身體虛弱不已，抵達羅馬時，無法、更是沒有心情外出觀光，我的羅馬假期第一天就是在下榻的旅社房內「曬子宮」。我直接在地板上鋪上大棉布，什麼都不穿，不去抵抗，不去排斥，就直接讓經血流出來吧！我把美麗古樸的大窗戶打開，讓光線直接照射在我子宮的部位上，也可以說是邀請豔陽充當熱水袋的功用，我在陽光中緩緩睡去，一覺醒來後，全身暖暖的，經痛居然消失了，心情也慢慢回復了，這才提振起精神，展開我的羅馬之旅。

身體幾個重點部位的保暖非常重要，在秋冬時節，若天氣稍涼，我通常都會爲脖子圍上圍巾，穿一雙蓋過腳踝的襪子，戴毛帽，會在腰間多圍上一條圍巾包裹腹部，有時在春夏的季節也會這麼做喔！有時開始要頭痛了，趕緊讓身體暖起來、熱起來，症狀就會減輕很多，我也非常喜愛在月經過後去泡溫泉，補充身體鐵質，幫助身體代謝淨化。

## 洗滌布衛生棉的儀式

我從二〇一二年左右開始進入布衛生棉女孩的生活，二〇一三年正式告別了所有的棉條及拋棄式衛生棉，即使在旅行中，我也是全程使用布衛生棉，於是在各地洗布衛生棉也不時鬧出趣事。有一回我在旅社的頂樓曬棉棉及衣服，外出的過程中下雨了，連忙打電話回旅社請他們幫我收衣服及布衛生棉，過程中實在是有點雞同鴨講，不過一回到房間，看到了已經折好的衣服及一疊的布衛生棉，還是旅社的男性工作人員幫我收下來的。

這麼多年以來，洗布衛生棉也變成我每個月的儀式，在洗滌的過程中也可以觀察自己的經血顏色；布衛生棉清洗乾淨後，一整排曬在陽光中飛舞著，光是看著也感到非常的療癒，象徵這個月的淨化與新的開始。曬完晾乾的布棉棉有著陽光的溫度與香氣，手折收納起來，等待下次經期來又可以安心使用了，眞是美好的循環啊！

專欄文

# 在子宮內的四季，依循自然萬物的頻率

如果把月相的陰晴圓缺與子宮的韻律相連結，可以把子宮想像成一個有著四季變化的小宇宙。

## 新月，冬季，流血

在新月時，天地萬物進入較低的能量點，身體上也象徵著冬季，女人進入了整個月的小僻靜，可以允許自己給出完整的二～三天徹底的休息，減低社交活動，進入與自身共處的休養時光，這時女人身體的能量也較低，無法從事有效能的生產。但此時極具敏感性，帶著強烈的直覺性與洞見，要信任此時自己眞實的感受與想法。

## 上弦月，春季，濾泡期

當經血流完之後，身體慢慢進入了輕盈的狀態，此時卵子進入濾泡慢慢成熟中，此時身體象徵著春天，心情也變好了起來，有很多新的想法及計畫開始萌芽，或是有些創意的點子與想法，這時候可以都記錄下來，也適合開始寫計畫書。

## 滿月，夏天，排卵

卵子成熟時，通常大約是月經來第一天後的第十四天左右，（每個人排卵的時間不完全一樣），這個時候的內在週期進入了夏天，代表著「活動力」與「專注力」，這時會變得非常有效率，同時也是最具生產力的狀態，這也是社會一直以來期待職場上女性的表現，在排卵期的女性，會顯得相當美麗，皮膚的狀態也會變好，特別有性吸引力。

## 下弦月，秋天，黃體期

當排卵的時候沒有受精，那麼子宮內膜就會慢慢地增厚，準備脫落，也等同入冬前的準備，這時身體的狀態會像是開始爲個人的僻靜做準備，在工作上也進入了計畫的尾聲，可以重新做整裡或清除，讓身體慢慢準備好要進入下一個週期的淨化，此時往往無法忍受過多的壓力，或是過多的承擔，也無法再壓抑過多的情緒。

若女人能慢慢了解自己內在週期與賀爾蒙的變化所造成的情緒上與能量上的轉變，就可以開始展開與自己身體的合作，而非對抗。若能充分了解自己的經期，了解到自己的狀態何時適合動？何時需要靜？那麼個人的行事曆及重要的規劃與工作，就可以順應自己的生理週期來做規劃喔！這是新時代的女性需要自我了解以及自我賦權的展現。

# 8.

# 蔬菜之神，餵養此生的聖殿，敬我的身體

我以蔬菜之神，
餵養此生的聖殿，
我的細胞，我的血液，我的肉身……
這往返於地球的坐騎，
但這不是眞正的我，
而是終究消融於泥中的塵。

依稀記得，二〇二〇年三月底，尼泊爾封城的第一天走在 Boudha 空蕩蕩的石板街上，街上剩下路邊的狗兒及無家可歸的街友，幾位驚慌失措錯過返家班機的外國遊客，尋著半開鐵門的雜貨店，想盡辦法先買點乾糧度過無法預期的封城，我也像是位迎接末日的異鄉人，買了大量的扁豆、堅果、五穀雜糧，準備末日的糧食備戰。

殊不知，沒隔幾天就收到 Nima 送來的蔬菜箱。Nima 是 Ananda Tree House 隔壁有機蔬菜店的農友，以往我每週六都在農夫市集跟她買菜，然而在封城之後，路邊的菜店只允許在清早及傍晚各一小時間販售蔬菜，而品質大多不新鮮，尼泊爾人不習慣用冰箱，通常是每一天購買當天會吃的新鮮蔬菜。在地的工作夥伴還特別告誡過我，菜不要放到冰箱喔！冰進去就不新鮮了。

由於封城期間只有運送蔬果的車輛可以行駛於加德滿都，其他的大眾交通工具及車輛都是禁止的，

Nima——這位美麗的女農，因爲疫情意外開啟了蔬菜箱宅配的服務，「有機蔬菜宅配到家」這在尼泊爾是相當創新的商業模式。我在封城後第一次收到Nima的蔬菜箱，所有的蔬菜、沙拉、水果都是當天現採再以裸包的方式，直接放入藍色的塑膠籃裡，有帶葉的小根紅蘿蔔、甜菜根、白蘿蔔、羽衣甘藍、萵苣沙拉、綠花椰，還有我最愛的紫紅色及黃色的牛皮菜，望著每一片彩虹般帶有露珠的菜葉，實在是太豐盛了。

Nima是一位實踐樸門永續農法的女農，她在懷胎六個月時，挺著大肚子去Hasera farm上了樸門永續設計的基礎課程（PDC），十四天的課程結束後她就立志要轉行當農夫了。她與丈夫原本在加德滿都開了一家進口泰國化妝品專賣店，經營得有聲有色，她受訓結束回到家之後，跟丈夫說：我們把店關了吧！一起回到土地上種田！Nima的先生一開始嚇壞了，心想老婆到底上了什麼怪課程？後來在Nima的勸說之下，他也去上了樸門永續設計的課程，而後Nima全家的命運跟著徹底轉變，他們眞的把化妝品店收了，在加德滿都近郊山區租了地，進入嶄新樸門農場的開創。

初次去Nima的農場，一眼就望見了地標，大型展開的曼達拉菜園，每一圈的排列都種植著不同品種的菜葉及香草，像是巨型盛開的花朵，螺旋般的綻放出五顏六色大自然的奇蹟。農場的地勢從低到高，當中拉起了藏族五色旗幟飄揚在天空，藏族人相信透過風吹動旗幟上的經文，祝福就會傳達到宇宙，相信田裡作物在經文的風吹拂之下也充滿著療癒的波動。農場裏還有草莓園、香草園區、孕育苗種的溫室，母牛和小牛在一旁溪水裡泡水，雞鴨跑在農場間，當年Nima腹中懷胎六個月的寶寶，如今已經是三歲大的小男孩了，正坐在田裡啃食著小黃瓜。

Nima每週會發訊息給加德滿都的客戶，告知當週有哪些蔬菜及酪農製品，除了新鮮蔬菜之外也可訂購當天清晨現擠的牛奶、盛裝在陶盆裡的優格、橙黃奶油（gee）、手工豆腐等食物。因為Nima一家人在幾年前投入生產者的行列，讓我在尼泊爾長達半年的封城期間有了最高品質的封城食療，每週都期待著樸素自在又笑開懷的農人，開著卡車載著滿滿的蔬菜大籃分送給錯落於加德滿都市區的家庭，在充滿未知不安的封城期間，用新鮮健康的時蔬，點亮一家家的餐桌，讓經文之風吹拂下的療癒蔬菜，安定人心。

## 我的尼泊爾廚房

我在尼泊爾的廚房有著面向加德滿都谷地山景的窗戶與陽台，早晨鴿子會在陽台前咕咕的叫著，窗台旁的一角放著黃金葛陶盆，寸寸升高的黃金葛沿著竹子攀附上了大窗。大理石材質的料理台上放置著專門搗碎辛香料的傳統石臼，上面有著工匠手工敲打出的美麗刻紋，這個寶貝是我在路邊跟專門製作石臼的遊民家族購得的，早晨鍋煮香料奶茶的儀式，就從把薑塊、豆蔻、丁香用石臼磨碎加入滾水茶葉四溢的香氣開始。

每日在路邊跟農婦買的新鮮蔬菜隨興放在菜籃子，籃子裡時常有著野菜、番茄等季節性的蔬菜水果，以及可乾燥放置的根莖類食材如大蒜、薑、洋蔥、馬鈴薯，這些幾乎是每天必吃的食材，就會直接收納放在地面的竹籃中，而新鮮的香菜則插在玻璃水瓶中，隨時取用，我喜愛可以看得見綠色植物及蔬果顏色的廚房，整個空間都充滿著生命力。

尼泊爾的料理大多是用香料及薑黃調味的，山上村落的婦女會用一年時間種植薑黃，然後將收成後的薑黃切成小片在太陽下曬乾，乾燥後用機器研磨成粉，這樣就可以用上一年了。我所用的薑黃粉都是村落婦女給的，其他的香料如荳蔻、丁香、茴香、芫荽籽、大麻籽、喜馬拉雅山胡椒、肉桂、紅辣椒粉等，我都會分類存放在玻璃罐中，這也是向尼泊爾婦女學習來的廚房美學。

尤其是雪巴藏族的婦女，杯子碗盤洗完都擦拭乾淨，整齊排列於牆面的架上，廚房都整整齊齊的發亮著；村子裡沒有什麼豪華裝飾的廚房，但有著溫暖土灶，手抹泥巴地，混著柴火噼啪作響及香料氣息的簡樸廚房。廚房也是一家的神聖之地，家裡的神壇會騰空設置在廚房中，一早家中長者會採集新鮮的花朵供奉神壇，搖起鈴鐺，點上油燈，燃起線香，爲神明點上紅色蒂卡後，再爲自己眉心的第三眼點上相同的蒂卡，從儀式之中開啟一天的廚房工作。

對我來說，做菜是蔬菜與香料間，鍋碗瓢盆的共舞！在洗菜時，紅莧菜在水裡滾動翻攪著，看著水光折射的影好美喔！最愛的蕨菜是夏季農婦們去森林裡採集的蕨類嫩芽，細心觀察著葉子螺旋捲曲的模樣，驚嘆大自然的創造。做菜也是我切換大腦的模式，每當壓力一大，我就會去做菜，做菜讓我感到放鬆與休息。我通常都是拿著洗淨後的蔬菜在木質砧板上直視看著，身體自然會告訴我該如何料理它們，透過這種直覺式的創意料理，大腦念頭也變得少，身體想要吃什麼樣的食物，她會告訴你。從採菜買菜、備料煮食、擺盤上桌、開飯前的儀式到慢慢的吃進身體裡的整個過程，我都平等享受著！

## 食物到產地之間的連結，我的日常珍貴之糧

講到食材，我認爲喜馬拉雅山的食材簡直是有機界的聖品，過去十年的尼泊爾生命經驗裡，我實際到過產地，與農夫成爲友人，健行到高海拔看見荒涼之處種出耐寒的蕎麥青稞，也遊走在各地友人及村民的廚房之中，吃進肚裡的各種味蕾爆發出的滋味，讓我有這樣的想法。

我曾經因爲一個工作拍攝的機緣，跟隨著採蜂蜜獵人（honey hunter）徒步到懸崖峭壁，親見獵人吊掛在峭壁繩梯上，用傳統方式採集巨大的野生蜂巢，峭壁底下的族人們忙著用大火燒出濃濃的煙，燻得蜜蜂離巢降低人們被叮咬的風險。採蜜獵人與族人們通常只用麻木袋及布巾遮臉裹身，並無全身包裹的採蜜裝備，這項工作被譽爲世界最危險的工作之一，而採集自喜馬拉雅山的野蜜，具有神奇的藥性，聽說吃多了會醉。

海拔二千八百—三千二百公尺的高山 Humla 紅米則是代代留種的珍貴米種，爲高山藏族帶來極高的營養素，海拔四千二百公尺的紅薏仁及友人回家鄉就會帶來分享的犛牛乾酪起司，每每拿到手中的食材都是如此的純粹與得來不易，不知多少天地間的因緣聚合才有眼前這些高山的聖品。在尼泊爾食物種植的生長過程依循著萬物的節奏以及在地文化慶典儀式，而儀式打從農人發出敬天地的意念就已經開始了。

## 以神聖牛糞，慶祝農人的豐收

記得有個慶典是慶祝農人在一年之中第一次的稻米收成（Pongal festival），我曾經在 Hasera farm 一早就看見主人 Govinda 用心準備了一坨新鮮的牛糞，還在中間插上了現採的花朵，擺在廚房神壇中獻給神明，Govinda 說：牛是神，牛糞可以抹土牆，塗地板，每日可收集來堆肥，是農家的神聖之物，我們要以崇敬的心，用牛糞慶祝稻米收成的豐盛，當天女人們也會在地上畫上美麗的曼達拉沙畫（Rangoli），牛糞插上南瓜花的畫面令人難以忘懷，這種拿牛糞當供養品的方式讓我大開眼界。

食物就像是人體的燃料一般，人給身體吃什麼，就會產生不一樣的動能。藉由一口一口吃進身體的食物轉化爲微量元素、礦物質、維生素……等，變成分子，進入我的細胞，聚合而成化爲我肉身的一部份。

在尼泊爾萬物皆有神性，以敬畏的心敬天地，用生活種出的蔬菜是神聖的。

我在身體之中，吸吮著尼泊爾大地母親的乳汁，她的豐厚進入我的血液，我的細胞，我的肉身。

我的身體是我此生的家，亦是我的聖殿。

謝謝蔬菜之神，餵養這此生的聖殿。

# 流，生命的河流

# 1.

# 日月星辰，尼泊爾的日常安定

## 曙光

九月份的加德滿都。

六點鐘醒來爬下床，爲自己倒杯熱水，披上柔軟棉質的披巾，緩緩的走向陽台，感受著城市甦醒前的寧靜。陽光穿過雲層灑向還在睡夢中的城市，古城彷彿披著金色薄紗般的美。坐在陽臺的我，享受著晨光的撫摸，看著不遠處鄰居家陽臺，那位老伯伯，每天都在固定時刻爬上陽臺，向四方撒著穀物，餵食來自城市的鴿子，這時約上百隻鴿子群飛亂舞地圍繞著陽臺及老伯，無數的翅膀在光中閃耀著。美好的一天就此展開了。

## 早餐

約莫七點，走出下榻處，與住房守衛及賣水小販互道早安，帶著微笑到街頭買新鮮牛奶，接著繞過圓環，在街的另一頭約莫一坪大的小店前，跟沒有門牙卻有著最溫暖笑容的老婦買了雞蛋、洋蔥及生薑，而後走向街尾的小麵包店，買一包剛出爐、帶有餘溫的吐司。一路上，清晨的冷風吹過臉龐，那感受是如此的清新。回到住家後，一邊煮水，一邊將薑、荳蔻、丁香、八角等香料用石磨搥碎，丟入滾水中跟茶一起煮，接著倒入新鮮牛奶，在陽台的地上鋪上大棉布，緩緩啜飲著奶茶。再度回到陽光的擁抱中。

## 日中

在尼泊爾，中午是不用餐的，這段時間也

是最有生產力的時刻，人們被工作的能量驅動著，穿梭在古城街道的巷弄中。當地人習慣的工作模式爲登門拜訪，爲了達到工作目的、完成每一個進度，幾乎是頭腦與身體一起爲工作而努力，讓身心一起達陣，於是一天只要全力做一、兩件事情後，也就覺得累了，雖然辛苦，不過卻是很實際的感受著：有身體力行，才會有收穫。

## 日落

傍晚時分，又停電了。

開始在廚房、餐桌、廁所，屋裡所有必經之處都點上了蠟燭，同時也在門前點上線香預防蚊蟲進入房內，接著，在微弱的光線中，開始了晚餐的料理。名符其實的黑暗料理，卻也是出奇的美味，餐桌上的燭光，伴著人影，慢慢開始有了對話，接著音樂也加入了，我們在黑暗中，吸收簡樸食物的能量，在沒有電的夜晚裡，讓話題、音樂自然的穿梭流動著。

## 星辰

夜裡，所有的一切都似乎靜止了，萬物進入休息中。

在月圓的夜晚裡，月光照亮了漆黑的大地，植物們彷彿都在接受著來自月光的擁抱及愛撫，常常，就這樣看著星空及月亮發愣、放空，爲自己暖一杯茶，享受著夜裡的靜，讓自己身體漸漸褪去白天的繁忙、塵土及噪音，任疲憊重重的爬到身上，睡意自然的來到面前，輕易的進入了夢裡，沉沉的入睡。

# 2.

# 森林跟我說的話

某晚在夢境裡，憶起在生命之中，那些陪伴著我，無私給予我力量的大自然元素。

尼泊爾 Hasera 農場附近有一片松木林，是約莫四十年前澳洲政府植林政策所遺留下的外來種樹木，每回當我踏入這片有點陡峭的林地，總覺得沁涼，心情舒爽。

有一陣子因爲感情問題，時常無語問蒼天，陷入低落的心情與泥沼，期待愛人能給予我力量與支持，但過多的期待是依賴，自己內在的力量沒有長出來，陷入沒有安全感的感受。

有回我陪伴以色列友人散步上山做晨間健走，因爲我還要回工坊工作，只陪她走到松木林，讓她繼續上山，而我則往下走回農場。在森林間，我腳步輕盈，享受早晨清明的時刻，這時突然很清晰地聽見一個聲音：You don't need to ask for love, the love will come to you, you deserved to be loved. 你不用乞求愛，愛自然會顯化到你面前，你是値得被愛的。

當時的我意識異常的清晰，彷彿像是陽光穿透雲霧般清楚，當下我可以理解，感受到並接納生命的安排，放下對於感情的執著，心裡想著：

我是被愛的，
我已經是愛了，
我就在愛裡面。

流下喜悅的眼淚，邊跑邊笑的奔回工坊，感動這發生在森林裡的一切，感受被愛包圍著。當你眞心接納時，生命的一切安排將會轉化。

## 松針林步道上的一顆石頭

每回有朋友造訪尼泊爾，我必定會邀請他們一同上山健行到Namo Buddha，路途中會經過這片美麗的松針林。由於是上坡的路線，也沒有特別建置的步道，僅有一條在地村民長期走出來的小徑，每回上坡走到覺得快要體力透支時，就會經過一顆橫在路徑上的石塊，這個石塊露出的位置剛剛好是邀請你「踏上它」助你一腳之力的所在，是一顆邀請你順利往上爬的樸質石塊。

一開始覺得奇特，爲何每次經過這塊石頭都有一種被幫助、往上提升的感受，但心中並沒有特別注意它的存在，而後每次爬同樣路徑時，石塊總是會出現，邀請我自然踏上它，無言地對我表達：別擔心，我在這裡喔！過了幾年後，我才感知這塊石頭的神性，而後每回經過時，都會特別撫摩它，向石塊頂禮。

## 菩提大樹阿嬤

菩提樹是尼泊爾常見的大樹，類似臺灣早期隨處可見的大榕樹般，不管是在加德滿都，鄉間村落，幾乎每一個社區聚落都可見菩提樹的蹤跡。大大的樹幹，佈滿早晚Pooja（印度教的宗教儀式）獻佛的紅黃硃砂，樹身往往也被綁上紅色的布條，象徵這是一棵被保護、有神性的樹木，有時樹根與廟交纏在一起，有時蔬菜小販們會在菩提樹下舉辦黃昏蔬菜市集，最常見的還是人們在樹下眺望遠方，手中拿著一杯熱奶茶。

我愛上的這棵菩提大樹阿嬤，聳立在山腰間，前方有一個小窪池，夏天會有水牛在此泡冷水澡，後方散落著幾戶農家，交織出滿滿綠葉菜園的背景。菩提樹的前方，在天氣好時，可望見一片喜馬拉雅山群，群鷹在天空飛舞，每回在路上遠遠瞧見大樹阿嬤，就有一種安心的感覺，她一直在此守護著這片土地，不離不棄的給予，我喜愛早晨花二十分鐘特地來此看她，依靠在她身上，然後就有力量來迎接今日的生命。

## 喜馬拉雅櫻花樹媽媽

Namo Buddha 是藏傳佛教的聖地，據說是釋迦牟尼佛在一次轉世之中「捨身餵虎」故事的發源地，世代居住在此的村民是 Tamang people。Tamang 意指騎著馬的勇士，祖先從蒙古及西藏一帶遷居來到尼泊爾，Tamang 族信奉藏傳佛教，在月圓時 Tamang 族會前往 Namo Buddha 的寺院，虔誠的轉經，向佛陀祈求祝福。

前往 Namo Buddha 途中，有這麼一棵聳立在村落山坡邊緣的大樹，特別的顯眼，因爲位於制高點，環顧四周就僅有這麼一棵美麗的大樹，樹的周邊有著綠意盎然的草皮，村民們會把羊及水牛帶到這裡曬太陽及吃草，村民們也愛極了來此野餐及作爲慶典儀式的場所，在祭典來臨時，也在此宰殺動物，作爲祭獻及食用。

有一次十一月份經過此地，發現整棵樹變成粉紅色，幾乎是開滿了粉紅色的花朵，粉色的花瓣隨風落下，往遠方眺望，發現遠處山頭上的村子中也散落一叢叢的粉紅色，但眼前這一棵鐵定是這附近最大的喜馬拉雅櫻花樹媽媽，完全綻放出嬌豔的美，吸引著來自各處的旅人、村民、動物在此駐足休息，放眼望去前方的谷地，延綿的山景，讓我心升感嘆大自然的美。

喜馬拉雅櫻花樹媽媽隨著季節花開花落，生息幻滅，看到花快謝落時，就知道再不久，寒冷的冬季就要來了。

## 家中的玉蘭樹

兒時常跟弟妹們掛在家中那棵跟屋齡一樣年紀的玉蘭樹上，在樹上爬來爬去。

玉蘭樹長得又高又直，有一根特別彎曲、位置較低的粗樹幹長出，剛好就是小孩跳起來可以勾到的高度，常常放學後，就跳躍到樹身上，搖來搖去雙腳勾在樹上。玉蘭樹給了我童年美好的回憶，這也是父親在世時最喜愛的一棵樹，是父親一脈傳承的中醫學徒親手種植的，已經年過四十有餘。

父親生前喜愛光著腳在院子裡抱樹，據他的說法是光著腳接地氣，抱樹是與樹連結，這些行為對於小孩而言都相當怪異，尤其是被同學瞧見了我們還會被同學恥笑。不過父親似乎相當做自己，還時常邀請我們也進行抱樹的行動，然而當時的我選擇不理會他。

父親離世後，這株年邁四十的玉蘭樹居然成爲我們家那條巷弄最大的一棵樹，附近的鳥兒超級愛待在上頭，有時聚集近乎三、四十隻，嘰嘰喳喳相當開心，當然停在下方的車總是如同經歷一場鳥屎雨一般，老媽依然殷勤的洗車，從來不曾懊惱。

到了春天玉蘭樹開花的季節，附近的居民途經我們家時，會被香氣所吸引住，停頓下來問說：啊！怎麼這麼香啊！這時媽媽就會很開心的說：「你抬頭看啊！」滿是玉蘭花的大樹，不僅滋養了我們一家人，也滋養了居住在這條街的居民們，媽媽會收集掉落在院子裡的玉蘭花瓣，拿去作堆肥。

家中的老房子是早期的透天厝，四樓頂是大陽台同時也是佛堂。在家的時候，我喜愛早晨到頂樓靜心做能量操，玉蘭樹一年長得比一年高，已經超過四樓的高度了，樹枝延伸接連至頂樓陽台，有幾回在花盛開的時節，我只要一伸手就可以直接採擷香氣撲鼻的花朵，彷彿這是玉蘭樹特別獻給我的一般。

現在的我，也開始學習我的父親，喜愛赤腳走到土地上，看見大樹都會忍不住跑去抱她，與樹連結。感念父親，爲我們準備了這麼一棵富足的大樹，站立在院子中，滋養著家人，滋養著鳥兒們，連街訪鄰居都受惠。

# 3.

# 業力，生命的牽引

曾經有一年，身邊有兩個朋友進行環遊世界的旅程。

一位是我的人生伴侶Y，爲了這趟壯遊，醞釀了許多年。他在三十六歲離職，預計至少用一年的時間旅行，沒有想到他一開始就在印度待了近半年的時間，修習佛法、印度瑜伽哲學及靜心。

一位是我在希臘 Yogini 女人圈認識的挪威女科學家，她之所以展開她的靈性旅程，是因爲在科學世界的盡頭，還是無法解答人生的問題。五十歲之際，她決定休息一年，從歐洲旅行到亞洲，帶著吉他旅行梵唱，沿路拜訪朋友。

我問：「這是你第一次 gap year（間隔年）嗎？」

她說："Yes, it's too late, we should do this every ten years in our life."（中譯：是的，太晚了，我們應該每十年，休息一年去旅行。）

其實間隔年也不一定就是要履行長達一年之久，最重要的是給予自我生命開展的可能性。

## 人活著，工作不是最大的要素

我原本無法相信我的伴侶Y——是個嚴肅、理性，看起來總是深思熟慮的哲學家，擁有 NGO 國際發展工作的背景，一離開工作崗位後，竟然轉變投入小丑戲劇、肢體開發、開始研究藏傳佛學哲理及印度瑜伽哲學，甚至還前往瑜伽聖地學習瑜伽靜心之路——這是在他離職前我無法想像的。

當人開始「偏離」所謂「人生既定的軌道」時，旁人總是會給予異樣的眼光，或是家人的不諒解；但我深信，這時的你才開始有意識的甦醒，開始思考，把生命的主軸放回自己身上。

曾經有一位以色列女性友人跟我分享她爲何會踏上旅行之路？

她說：There is nothing more important than focus on yourself.（中譯：人生沒有什麼比專注於自己更重要了。）

所謂的偏離軌道，其實是才要開始驅往自己的人生旅途。

我從NGO工作的經驗裡學習到：既然都肯花時間、精力、金錢去改善他人的生活，爲何我不能花同樣的精力給自己及我的家人？若我都肯加班熬夜、盡心盡力的爲組織工作，持續長達七年之久，我爲何不能也給予自己時間，爲自己工作？

快樂的活著，享受人生的每個片刻；享受時光流逝中的每個動作、行爲及過程。

我在靜心，我在靜心裡面；
我在煮飯，我在煮飯裡面；
我在吃飯，我在吃飯裡面；
我在打掃，我在打掃裡面；
我在做愛，我在做愛裡面；
我在洗澡，我在洗澡裡面；
我在走路，我在走路裡面；
我在寫作，我在寫作裡面……

達賴喇嘛說：
快樂，心平靜的活著，在時時刻刻中。
煩惱的事，若是有解決的方式，那爲何要煩惱？
若煩惱的事無法解決，那煩惱有什麼用！

# 4.

# 來自大地母親的撼動，尼泊爾重生記

二〇一五年四月二十五日這天，是我接待主婦聯盟生活消費合作社（以下簡稱婦盟合作社）尼泊爾國際參訪團的第一天，當天一早醒來，天空染上一股異常的灰色，我帶著些許不安的心情，迎接這天的開始。

## 尼泊爾大地震紀實

上午婦盟合作社參訪了加德滿都的農夫市集，正準備要離開時，天空中的烏鴉、老鷹及鳥兒們開始瘋狂的鳴叫及盤旋，才剛抬頭，就感受到天搖地動、一陣極不尋常的地震來襲，強大而猛烈，大家開始紛紛跌坐在地上，滾成一團，農夫市集水池的水，也因為強震而開始倒灌。

原本參訪農夫市集的放鬆喜悅的心情，頓時有如身陷地獄般的恐懼，所有人衝出市集、奔跑在馬路中，電線桿倒下砸毀了計程車，世界各國的人不分彼此地抱在一起，一切的一切，有如電影場景般的不眞實。我跟尼泊爾在地領隊 Prabi 將大家引入附近的一個停車場作爲臨時避難所。停車場是加德滿都 Thamel 地區少有的較大廣場，已經擠滿了世界各國的旅客及在地人；大家形成不同的小圈圈，彼此支持，共度這個特別的時刻。還驚魂未定，這時天空中又再度出現低空盤旋的老鷹及烏鴉叫聲，像在預告著下一波的顫動，果然，一波波未息的餘震席捲而來，大家聚集在廣場中央，蹲著、抱在一起口操各國祈禱語，祈求平安。在大自然的力量下，我們什麼也無法做，只能抱在一起、雙眼緊閉，在生、死一線之隔的時刻，什麼都帶不走，當下也才發現還有好多好多的事情，都還沒有完成啊！當眼睛再次睜開時，發現上天要我們好好的繼續活下去。

這輩子至今，從來沒有經歷過長達三星期的地震週期，身體強烈的感受到大地母親的能量與撼動！

她是如此的強大，有威力、一波接著一波，像是在跟人類嚴厲傳

達某些訊息，當地震來臨時，我們不得不屈膝就地，卑微祈禱著一切都能安然度過。但又不得不感恩大地母親，因爲此次的大地震是發生於週六的正午，週六是尼泊爾每週唯一的公定假日，這天家人會相聚在一起，就學孩童放假，村落的農民中午通常不會待在家裡，會在外頭農忙，而是在這個時刻，強震降臨至尼泊爾國度！大部份的山區傳統民房倒塌，加德滿都的高樓傾倒，大多數的人湧入空曠的土地，開始紮營共度艱困時間。就我關心的村子而言，傷亡人數極少，原因就是地震發生於週六正午，是一個慈悲的時間點，讓傷亡降到最低。許多尼泊爾朋友都跟我說，感謝大地母親的慈悲，她想要傳達一個嚴厲的訊息給人類，但還是可以感受到她的溫柔與愛。

## 一場註定必須發生的旅程

對於我來說，這好像是一場必定經歷的旅程，一場宇宙處心積慮的安排，而我似乎已經夢過這個場景了！這趟回到尼泊爾是有一個使命，就是帶領婦盟合作社國際參訪團的計畫，由於熱愛這個國家，我跟在地友人 Prabi 策劃了我們夢想中的旅程，想要把最好、最值得學習的一面帶給婦盟合作社的每一位成員，然後就在團員抵達尼泊爾的第二天大地震就發生了，當下心中相當混亂，心裡擔憂著後續的行程該如何是好呢？

有人說，所有發生的事情，都是「最好」的安排！

婦盟合作社成員與我都在思考著，爲何我們要經歷這一切？當中的學習又是什麼？

非常難得的是，大家都沒有花太多時間難過我們的行程泡湯了，而是開始思考我們處在的每一個當下、時刻、地點、狀態，還能夠做些什麼、學習些什麼？我們每一個人學習回到當下，沒有人執著於行程異動，

而是感激彼此相聚在一起，共度患難、相互學習。

在籌備這趟旅程時，我邀請了來自印度 Auroville 的女性療癒師 Dariya 到尼泊爾爲我們帶領重返大地母親的工作坊活動，Dariya 興沖沖的來到尼泊爾後，就遇到大地震了，往後的幾天，我們跟 Dariya 都一起困在 Namo Buddha 山區的民宿——與其說是被困住，倒不如說是隱藏在祕境中，學習面對自己最深層的恐懼。

我們有整整四天無法回到加德滿都，待在 Namo Buddha 動彈不得，也因爲地震，讓 Dariya 這樣一位特殊的女性療癒師與婦盟合作社團碰在一起，在這樣特殊的狀態與空間，我們每天都參與 Dariya 爲我們規劃的工作坊，重新與自己內在的女性能量連結、與大地環境連結，同時也透過靜坐、自然舞蹈、按摩等方式去探索自己的狀態，所有人都被地震嚇壞了，當我們相聚在一起，給彼此慰藉、為尼泊爾祈福，與恐懼同在，看見自己的恐懼、經驗它、感受它、放下它。

這次的旅程，對於我及我的夥伴 Prabi 都是一個很好的歷練與學習，我們幾乎是每天早晨起來觀察天氣、我們的心情狀態、團體的狀態、餘震的強度，再來決定當天的行程，以及能做什麼？老實說，就是完全依照我們的直覺做出決定，很慶幸也很奇蹟的是，幾乎每天都很充實的度過，有學習、有滋養，雖然我們的旅程因為地震的緣故必須待在同一個定點，不過內在的旅程順利展開了，每天都有不一樣的目的與學習課題，帶領著我們拉近真實的自我，也讓我們看見生命沒有什麼是永恆的，邀請我們回到生命中每一個當下的美好。

# 5.

# 恐懼與釋放，來自綠度母的光

過了一年又兩個月後，才眞正釋放了二〇一五年在尼泊爾經歷地震後所帶來的恐懼。事發時，我帶領著主婦聯盟合作社參訪團，一群人連同我工坊的兩位員工，正在加德滿都農夫市集擺攤。

地震發生時，我在驚嚇中用全身的力量試圖保持鎮定，帶領團員前往安全的場所避難。第一時間，我把恐懼的心深深鎖住，隱藏起來。送走參訪團後，我繼續留在尼泊爾一個月進行災情勘查，強壓住懼怕的心，很快速的立即投入重建計畫，沒有給自己足夠的時間休息與釋放，而在那一個月期間，幾乎每天都經歷大小不斷的餘震。

回臺灣休息一週後，又馬不停蹄的前往美國波士頓，參與月經議題相關的國際會議。驚魂還未定，便接二連三的發生一連串的鳥事……

## 鳥事一籮筐

預定前往波士頓當天，發現我根本忘了到美國需要事先在網路上做免簽證申請，立馬登記的同時，又發現需要使用新版護照，立即請旅行社幫我延後班機一天，我也馬上衝到臺北辦新護照，必須說，臺灣效率好到不行，一天搞定，隔天起飛。

隔天登機後，才被通知，我搭乘的班機發生嚴重漏油的問題……

所有旅客坐在飛機上原地等待兩小時後，最後確定必須換班機，換了班機飛抵香港後，已經趕不上我原本預計搭乘飛往紐約的班次，於是在香港機場狂奔，改搭中途停溫哥華的班機，飛了近二十小時後，於隔天上午七點終於抵達紐約……

我親愛的月經世界大會九點就要開始，肯定是趕不上開場了。

到了紐約，在神智不清的狀態下等著領行李，等了老半天才發現行李沒跟過來，用頭腦尚未清醒及因為時差變得不輪轉的英文跟臉很臭的黑人女士溝通了很久，最後得到微薄的七十美金作為補償，仍不確定我的行李何時會到？由於班機行程大亂，前往波士頓的巴士自然也錯過了，我重新買機票直接飛往波士頓，總之多花了一萬多元才抵達波士頓。

我在大會當天下午一點左右到了波士頓，立馬搭上 Taxi 前往會議現場，發現各國代表都光鮮亮麗的出現在大會，我本人就只有身上穿的一件超寬鬆登機裝，往後的三天我天天都是一樣的裝束——好在行李趕在最後一天終於到達波士頓，不過在行李送達前，所有準備好參加會議的宣傳品、名片、布衛生棉產品、DM 都在行李箱裡……大會第一天，我在超級想哭的情況之下，告訴自己：好！先去廁所靜一靜！

進了廁所，發現我的月經居然也同時來報到！所攜帶的旅行用布衛生棉在行李箱裡，由於不想勉強自己使用拋棄式衛生棉，所以緊急的在會場買了天然海綿及布護墊搭配著使用，這是人生第一次體驗使用天然海綿，也算是意外的收穫。

由於這一路歷經了一連串的突發狀況及不確定性，太多無法預料的事情，加上自己一個人在陌生的異地沒有支持系統等因素，我開始會突然沒來由的恐慌起來，並且感到呼吸困難。波士頓月經大會結束後，前往紐約旅行時，曾經一度在美麗的中央公園突然無法呼吸，甚至嚴重到需要躺在公園草地上休息，搭地鐵時也會沒來由的恐慌，也變得異常的頻尿，動不動就想上廁所，此時卻發現紐約咖啡店的廁所無法提供非消費者借用，都上有嚴格的密碼鎖，需要輸入消費收據上的號碼，才能打開廁所大門；無法立即上廁所這件事，也讓我異常的緊張。這些恐慌及緊張的症狀，被我深埋起來，我告訴自己一切都很正常，只是比較容易緊張而已，我不斷地告訴自己：沒事，Life goes on !!!

沒想到，直到地震過後的一年兩個月，在希臘女人圈的練習，我才發現內心深處的恐懼一直沒有得到釋放，當然也沒有被療癒。

有一天我們在女人圈裡練習釋放恐懼，透過 shake shake shake 搖擺甩動身體的方式，把恐懼的能量釋放。我哭了起來，回想過去一年多所經歷的所有事情及所看到的畫面，我一邊甩著身體一邊大哭！甩甩甩、抖抖抖、跳跳跳，我把內心的恐懼盡可能引誘出來，看見他們後再放下！

隔天，我跟一位來自加州的女性療癒工作者聊天，這是我第一次跟別人提到我的恐慌問題。她表示完全可以理解，並告訴我這跟神經系統受到很大的驚嚇有關，尤其是在能量場很強的地方，像是之前在紐約，我的神經系統會變得很敏感及脆弱，她表示這是很正常的現象。接著我預約了一個印度阿育吠陀的療程，想要療癒我的恐懼及轉化的過程，另外請求需要被保護的感覺。而在做療程的過程中，我看見了像是綠度母，綠色的光，籠罩著我。

幫我進行療程的 Nisha 輕聲的跟我說著：

You are protective, you have been protected.（中譯：你是被保護的，你已經被保護了。）

我感受到太陽神經叢有一部份的能量被釋放，淚水流下。

我的恐懼被療癒了，轉化為生命的另一層厚度與能量。

我是被保護的，是的！我已經被保護了。

# 6.

# 解開生命的結

我所認識最美麗的人……
是那些認識挫敗、痛苦、掙扎、失去，並從深淵中走出來的人。
這些人對於生命心懷感恩，敏感，並理解生命。
因此他們充滿慈悲、溫和與深切關懷。
美麗的人並非偶然。

——伊莉莎白．庫伯勒．羅斯（精神科醫生，摘自《天使走過人間》）

二〇一五年九月，我接受「挫折新創論壇」講座的邀請，主辦單位希望我談些自身的挫折經驗。主辦人是一位臺法混血兒，她用英文跟我解釋期待我談論的內容：

When you are really in the shit !!!

What did you learn from those experiences, and bring the life to the new level？

老實說要在公開場合討論 what's really put me in shit 的經驗，是一種令人充滿焦慮，但同時又期待的感受。

## 如何與挫折共處以及面對它？

自從答應出席這場活動後，我幾乎逢人就問對方的挫折經驗爲何？

到底是如何從如「屎」的人生中爬出來，進入新的里程碑呢？

被我詢問的許多人（包含我自己在內），也因而開始回想起從小到大的挫折經驗，這個提問到後來，似乎變相演變成——誰的人生經驗比較慘，但這不是重點，畢竟大家各自有不同的人生道路與課題。其中，一位曾經得過憂鬱症的朋友與我分享一個觀念，他說：若談起挫折，可能每天從一早醒來就會開始面對挫折，也許睡晚一點賴床，挫折就開始尾隨著你，重點是：你如何與挫折共處，面對它的態度爲何？因著這位朋友的分享，開啟了我去思考要如何分享這場演講，我開始回想在過去人生的一些深層的痛苦時刻，其中之最，便是我父親的離世。

父親在我念大學前驟逝，整個大學時期，我都無法面對父親過世的事實。當時我兩位最要好的朋友跟父親的關係都非常好，好到每天都要講電話、撒嬌的程度，每當她們問起我父親的種種時，我總是以：「他去山上靜養！」這類自我幻想的謊言敷衍帶過。多少年來，只要是面對談論我父親的話題，我總是心虛跳過，無法面對。

曾經有一本書——《天使走過人間》，拯救了我的心靈。書中探討死亡的經驗，教導我們褪去恐懼的想像等等……，並不確切記得這本書到底寫了什麼，只記得這本書曾經解開了我心中的苦，陪伴我度過某些低潮時光，爾後讓我有了那麼一些力量與勇氣，邁向人生的下一個階段。

許多年後，當我已經在尼泊爾工作、生活了，某年母親的友人邀請我協助他們規劃一個尼泊爾小旅行，在母親的半推半就下，我勉強帶著媽媽和她的一堆朋友前往尼泊爾。我在創業之前主要的工作經驗都是帶領年輕的志工夥伴，縱使媽媽友人的這一團屬於中高年齡，我依然希望讓這群長輩也可以體驗到最道地的尼泊爾村落生活，於是特別安插了一天 Home stay 行程，大家需要徒步、靠自己雙腿走入散落在山谷中各處、不同村民的家，路很小，又是有點陡的山路。

## 解開生命的結

當時天色慢慢開始暗了，團員們也陸續抵達不同村民的家，其中一位最年長的團員，突然就在抵達住宿家庭的前一刻摔跤了，這一跤跌得不輕，阿伯的脖子摔傷走位了，我們緊急呼叫了遠在山腳下的救護車，等待的同時，村民漸漸圍成一圈，七嘴八舌起來。

救護車一到，我發現擔架居然是鐵做的，完全沒有任何柔軟度與彈性的設計，於是當救護車開往山下的路上，我便一路用自己整個身體，環抱著阿伯，幾乎就是用我的雙手、雙腳扣著阿伯、支撐著他的身體，避免路途中再有任何的碰撞，就這樣一路顛簸著抵達醫院。

照了X光後，醫生表示僅是頸部的肌肉拉傷導致脖子歪斜，好好休息幾天就會沒事。幫阿伯用護頸套固定好後，接著又是一路顛簸著回到山上，沿途我還是一樣用雙手、雙腳扣緊著阿伯的身體，深怕有任何閃失，這時阿伯突然冒出一句話：「妳就跟妳爸一樣！當年他三十多歲的時候，帶著妳阿嬤去印度菩提伽耶聖地朝聖，那一趟差點把妳阿嬤搞死！」

天啊！我從來不知道，父親曾經去過印度！也不知道，眼前這位被我緊緊抱著的阿伯，竟然認識我父親！

突然有那麼一個生命的瞬間，我了解自己爲何成爲今日的模樣……

事後，我深深感激在生命經驗中，有過那麼一個瘋狂的夜晚，就在救護車上，就從被我緊緊抱住的陌生阿伯身上，揭開了我生命中的一個結！

我理解到任何事情的發生都是有原因的，因此挫折將不再是挫折，快樂也不只是單純的喜樂，生命的意義及答案，會浮現在任何所經驗的片刻中。

過兩天，阿伯的脖子奇蹟式的突然就恢復過來了，往後的旅程也一路順利，此行也圓了媽媽的夢，去到釋迦牟尼佛的誕生地藍毗尼。

# 7.

# 斷捨離，物質與心靈

首次創業初期，想實際感受生活在尼泊爾村落的狀態，於是在山上樸門農場生活了近半年的時光，過著半日沒有電力，洗澡則要燒柴火煮熱水，大約每週洗一次熱水澡的生活。傍晚下工後，去菜園採菜，用土做的爐灶熬煮出香料味撲鼻的晚餐，廚房是冬日晚上最溫暖的地方，吃完飯，爐灶還很熱，裡面還殘留著晚餐燒剩的木頭，這時我會直接坐在土爐灶上方取暖，另外再燒熱水來泡腳，這大概就是最奢華的冬日夜晚享受了。夜裡鑽進鋪在地面上的被窩，皎潔的月光，伴著永遠關不緊的窗戶，就這樣日復一日，讓我對於物質生活有了不同以往的體驗與解放。

旅外的工作經驗，讓我每三個月就要再學習打包一次，每回遇到又要打包出發了，還是會犯焦慮症，到底什麼要帶、什麼不要帶，又要再次面臨生活所需取捨的問題，在衆多物品中，什麼是必需品呢？出國與返家的過程，一直不斷在經歷取捨的學習，在面對自己的行李中，讓我釐清了自己對於物質的慾望與需求。

## 低能源的生活

當我在尼泊爾加德滿都家中點上蠟燭時，同一時刻臺灣正上演著反核四大遊行。

在尼泊爾的餐廳裡，熱鬧滾滾的人潮，燈火通明的夜裡，常常突然就停電了，大夥也正常繼續吃飯沒有抱怨，店員很自動的開始爲每一桌客人點上燭光，可能半小時後，突然又有電了，這時大家會開心的叫：Baati ayo!!!（電來了！）

蠟燭是尼泊爾日常生活的必需品，因爲選擇在尼泊爾過日子，我才開始有意識的選擇蠟燭。手工蜂蠟蠟燭、薰衣草及檸檬草精油芳香的蠟燭都是我的最愛，加上傳統陶製的燭台，褪去了我對於隨時要有電力的執著，反而過起了一個個浪漫，充滿精油香氣的燭光夜晚。

二〇一六年開始，尼泊爾換了新的政務首長，他的新政策是取消尼泊爾分區供電的情況，開始了全天候供應電力，這對於尼泊爾人來說眞是一項振奮人心的新政，不過我仍然習慣在夜裡點上燭光，已經學習到不需要開這麼多燈了，每每回到臺灣，都會覺得到處都好亮，五光十色的燈光讓我的眼睛容易疲累。

謝謝尼泊爾的生活經驗，讓我學習到有限能源的珍貴。

## 低物慾的生活

在跨入三十歲之際，我首次認真面對從小到大的衣櫥，發現這個衣櫥居然是個無底洞，暗潮洶湧的藏著多年以來對於身體體態的執著與「美」的認知。我開始將衣服一件件的拾起、檢視、丟棄或留下，就這樣，我丟了近半個衣櫃的衣服，一件件我並不需要，卻一直深藏在衣櫥裡的衣服，堆積著長年的塵埃。從衣櫥開始，展開了我的整理人生。

我整理了從小到大的卡片，一張張重新看過、哭過、笑過，我重新經驗了那個時刻的自己，鮮明的畫面從眼前劃過，情緒著實襲擊心頭，過去的人生點滴在目。

我輕聲的說：

謝謝你

對不起

請原諒我

我愛你

然後一一將卡片撕碎，丟進紙類回收桶裡。

我有一個不大也不算小的藏書量，購買喜愛的書籍，常常是我最享受的購物項目之一，書一直是陪伴著我不同生命時期學習的老師，當我面對自己的小圖書館，我意外發現了自己的學習取向與脈絡，每個時期的我，原來都有不同的興趣啊！

每本書就像是每一塊小拼圖一般，幫助我去看到不同時期的自己。書櫃裡塞著滿滿的智慧，就像是進入別人的生命，偷取他人所累積的生命智慧般，謝謝這些願意分享及從事寫作的人們。我拾起了所有的書籍，重新擦拭過它們，然後開始進行分類，有一些從前對我幫助很大的書籍，現在我不需要了，我想要送給正在爲生命奮鬥的年輕人，所以有一箱是特別爲年輕朋友所準備的。

二〇一五年，我們全家人一起在家裡開了一間店，有些很棒的工具書可以分享給來店裡參觀的朋友閱讀，所以有一箱是給店裡的，而有許多書籍已經完成了任務，我想要捐贈出去，它們已經不適合在我房間了。就這樣，一本本書即將展開下一個任務，與有緣人分享智慧。我的書櫃，空出了許多的夾層，終於感覺這些書本可以重新呼吸被看見了。在書櫃的中間，我空出了一整個層架，放上了在尼泊爾地震重創區意外拾獲的彩色玄武岩石，還有在走山時，各地撿的小石頭，布置了這個屬於我房間的聖殿，每日我在此燃起藏香，點上燭光祈福感恩。

## 整理，將自己拉回主軸，讓心靈抖擻

某個早晨，我又被自我懷疑給打敗了，恐懼、焦慮佔據了心頭，躲在被窩裡不願意面對自己的人生，這時我覺知到黑暗面、墮性又來敲門了。

我硬把自己拉出被窩中，走到陽台，感受著當下的陽光，靜靜地爲自己燒一壺熱水飲著，接著靜心去感受這一天，接納自己的情緒，我可以選擇繼續待在恐懼、不信任自己的情緒洪流裡面，讓這樣的情緒去消耗今日存在的能量，同時我也可以選擇去看見恐懼襲頭，但不被擊垮或順勢讓情緒繼續擴散下去。

我選擇開始爲自己烹飪早餐，把專注力放在正在做的事物上，開始情緒被眼前正在煮食的美味有機食材，香氣撲鼻的烘蛋，現煮的奶茶所取代，我的情緒慢慢轉化了。接著在一天工作開始之前，我先打掃工作室、廚房，洗淨前一日污穢的衣服，將臥室的棉被摺疊好，將自己梳理打點好，把窗戶打開通風，最後燃起藏香，讓室內的空間染上一層祝福淨化的溫度。

我在尼泊爾認識的日本藝術家好友 Akimi 曾經對我說：

整理百分之九十是爲心而整理，百分之十才是物質層面的整理。

透過身體之間的勞動，只需短短的時間，便能慢慢的將自己拉回主軸，心靈也跟著抖擻了起來，每日都在自己喜愛的空間，跟每天都會用到的物品互動著，而這些所珍愛的物品，也正散發出美好的波動。

# 8.

# 我居然開了一間民宿——Ananda Tree House的誕生

若說人有心靈上的故鄉，在遠方時心中總是會浮出淺淺的鄉愁，不管人在何處，心裡覺得需要時只要閉上雙眼，心靈故鄉的景致及氣味就會浮現在眼前，在心中陪伴著你，彷彿意識可以穿越時空，旅行到此地。

## 心靈故鄉，滿願塔的早晨

在加德滿都，我最喜愛的地方就是滿願大佛塔（Boudha），這裡是知名的世界文化遺產，具有上千年歷史，也是世上數一數二的佛塔，我總是在幻想，若可以住在佛塔附近那該有多好，每回去Boudha，我總是環

繞四周，看著社區屋頂的房子，高掛著隨風飄揚的五色風馬旗幟，心想著要是能住我由衷羨慕那些住在 Boudha 地區的外國朋友們，他們實在是太有福報了。

會升起這樣的想法，很有可能跟某個早晨的經驗有關。

有一年寒假，我的母親及我的伴侶，和我一位要好的女性友人來到尼泊爾探訪旅遊，我當然是要抓緊機會讓大夥住上幾天 Boudha、遠離吵鬧的 Thamel 觀光區，我想要找個位在 Boudha 的整層公寓，讓大家可以一起入住，體驗在地的生活，就這麼的巧，剛好有一間美麗的公寓是一位來自加州學佛女性 *Aya* 的住家，她非常用心的佈置，有著綠色的室內植栽，充滿藏式鮮豔色彩風格的傢俱，溫馨且陽光充滿設備齊全的廚房，唯一的附帶條件就是每天要讓她收留的流浪狗回家睡覺，及定時餵養會跑來家裡吃飯的大黃狗及大黑狗。

這樣的非典型住宿經驗帶給我往後許多的啟發，很像是潛入一位單身、在異地學習佛法同時也是創業家的女性家中。而我們的身份有些許雷同，她是一位創立環保背包的創業家，在尼泊爾有自己的生產線，非常有趣的是她並非回到美國才空出整層公寓，而是當她在附近的 Kopan 寺院進行個人的閉關修持期間，因此是由上一位入住的房客帶我看房並直接把鑰匙交給我，後續的溝通都是跟她用傳訊息的方式進行。

讓完全不認識的陌生人直接住進自己家，睡在自己的臥室裡，使用所有的廚房餐具及香料食材，照料自己的狗兒及欣賞牆上的照片及學佛的書籍——眞的是一個相當親密的體驗。雖然我不認識這位金髮、來自加州的女子，但她讓我看見一位在異地發光綻放的美好生活品質，而且毫無保留的信任，我甚至連她所說的晚上會自動回家睡覺的流浪狗長得如何都不知道，但到了晚上還眞的有敲門聲，開門後發現是一隻狗坐在門前，好吧！親愛的……進來睡覺囉！

住進這個學佛女子家中，也相當於進入了她的能量場與生活。隔天一早，我被陽光曬醒及狗叫聲喚醒，我迫不及待的起身將自己整理好，也拿起了我那唯一一串的南美洲聖木製成的念珠，準備往佛塔的方向走去，住在 Boudha 最享受的地方就是一早就能去繞塔，這個繞塔的心願，從步出公寓後就開始以各種方式示現中。

一早我看見許多老爺爺老奶奶，一拐一拐的拿著轉經輪及念珠，紛紛往佛塔的方向走去；一位婦人拿著一袋袋的餅乾正在餵食路邊肥胖的流浪狗，整群飛起的鴿子在佛塔上盤旋；有一回有人撒起穀物落地，整群鴿子又急忙飛往地面，小孩與轉經的人們，在燃燒的藏香煙霧中走著、跑跳著！

佛塔周圍無家可居的遊民乞丐，也紛紛乞討著食物與錢。繞塔時口唸誦著六字箴言 Om mani padme hum，一張眼，看見聾啞，殘疾人士，又是輪椅或坐落在地拖著行走，又或是瘦小的媽媽抱著極瘦弱嬰兒，拉著過往人們的衣角要奶粉錢。

我走在繞塔的路上，繞過或視而不見這些生命的苦難，心想會不會是人蛇集團操做這些乞丐，搞不好他們很有錢之類的想法浮現出來。而就在我試圖迴避這些苦難的眼神，以免被纏上身的過程中，我同時看見一位位同樣走往繞塔路上的人們，手持著許多小面額的盧幣，絲毫無厭惡，相當自然且自在的給出這些小面額的金錢，讓錢流往那些乞討者的手中。後來我才知道，很多在地人要去繞塔前都會先自行準備一些小面額的紙鈔，用於繞塔布施使用，甚至有時還會特別換全新的紙鈔，這樣更顯誠意十足。

在繞塔的過程中，有一位僧侶，身上穿得破破爛爛的，正用著無比專注的心行五體投地的大禮拜進行繞塔，不管外境發生什麼現象，他一心專注的一站一跪一趴用全身的力量配合眞誠的心，身心一起合作的繞塔，用殘破的紙板充當護手及護膝墊，雖然一身破爛，但他心無旁騖的專注在當下，撼動著我，我慢慢跟在這位僧侶的後方，充滿驚嘆的看著。

當僧侶頭磕著地，雙手合掌伸直觸地，虔誠的拜懺，待他順著禮拜的韻律起身後，突然間有位藏族婦人直接塞了一些盧幣在僧侶手中，什麼話都沒有說就轉身離開了，由於僧侶太專注於大禮拜之中，這突如其來天外的塞錢之舉，像是突然把僧侶帶回了世界一般，他先是傻住停下了大禮拜，停下了腳步，先超乎意外的看著手中這一筆從天而降的金錢，接著雙手合十碰觸眉心做了一個非常虔誠的禮敬！在他後方的我看著這不可思議的一切，這種不求回報的給予，不是施捨，而是願這點小錢能支持你、祝福你；而收到錢財的僧侶，驚喜感恩的眼神與姿態，直直的烙在我心中。

僧侶臣服於上天的安排，即使外在一身破爛，但那清澈充滿信仰的雙眼及去信任宇宙所安排的富足，讓我感到無比強大的心力正在對外放射中。

## 一百零八顆念珠的心願

在尼泊爾新月及滿月的時候，滿願大佛塔四周無論早晚，總是人山人海，據說這時候許的願望都相當的靈驗。夜晚裡會有人們為佛塔供燈，也就是在圍繞著佛塔外圈的地上，點上一盞一盞的蠟燭。

有一回碰上來自中國的信徒要進行供燈儀式，要點上至少上百盞的蠟燭，我在旁邊看著，問說：「我可

不可以協助你點燈啊？」「他回：當然啊！一起點吧！」我一心一意的慢慢點起明亮的蠟燭，點燈也就是意味著點亮心中的光。

關於如何正確的繞塔，實在是眾說紛紜。當我住在佛塔附近時，跟朋友們很常約去繞塔，有點像是身處在地居民的中央信仰與大型聚會公共場所般，可以邊走邊聊天，聊一聊就直接繞出去喝茶去了；也可以充滿信仰邊繞邊念經，也有人行大禮拜的方式，也有許多網美只是去拍美照，在繞塔的人群中也會夾雜許多各國觀光客，在風馬旗幟之下拿起單眼猛拍照。千奇百怪的姿態及能量都混雜在一起，像煮一鍋濃郁的人生湯底。

我拿起我的念珠，也有模有樣的繞起

塔來，該膜拜的地方行膜拜，該敲鐘的地方敲響鐘聲，拿起念珠繞著焚起大煙的杜松香，朋友跟我說起，拿念珠的用意是要用來計算念誦一百零八遍六字箴言 om mani padme hum。

這天我心血來潮，一邊繞塔一邊持六字箴言，同時指尖用規律的速度滑過一顆顆的念珠。om mani padme hum，om mani padme hum，om mani padme hum ……不知道到底是走上了幾圈了，我只是在念誦著 om mani padme hum……直到手指停留在念珠最後的止結點上。當下一絲喜悅升起，我完成了第一次的一百〇八遍的持咒，將心安住在六字箴言上。

就這樣，每回繞塔，或者我人在 Boudha 時，心裡就會升起若能住在這裏，開一家環境友善的小店，有著木頭鑲著玻璃的大落地窗，室內充滿著咖啡香氣，裏頭的陳架能好好展示棉樂悅事布衛生棉的產品，也可以介紹尼泊爾在地其他社會企業的品牌……那該有多好的念頭，而這夢想也開始放在心裡醞釀。

## 空間自己找上門？

有天要去尋訪尼泊爾友人的一塊荒廢的地，他想利用這塊地開一間咖啡廳，當天我走入一條從來沒有走過的小徑，可以直接抄近路到朋友的土地上，在這條從未走過的安靜小路上，路過一間 DVD 店，大約有三個店面寬，外觀的玻璃窗上貼滿了各式泛黃的電影海報，有達賴喇嘛的紀錄片或新世紀的影片等，當時我想都沒有想，就直接走進店中，店裏像是時空凝結般，架上的 DVD 都抹上一層厚灰，得用手抹去灰塵，才能看清楚片名。

這時長滿鬍鬚、眼神渙散的老闆像是剛抽完大麻一般的突然現身，嚷嚷著說：「快點買喔！現在都沒有人在看DVD了，都直接看線上的，我們快要倒店了啊！之後店面要直接出租出去了。真的是做不下去了！」

我完全不認識眼前這位散發出大麻味道的老闆，不過他的話讓我放下了手中的DVD，抬起頭來開始環顧起四周，這個充滿灰塵、似乎很久沒有被好好照顧的空間，午後的陽光穿透著落地窗光線直灑在老舊的藏式地毯上。我被這魔幻的光影吸引住了，再次回過神後，我轉頭問喪志的嬉皮老闆說：可以讓我看一下這個空間嗎？老闆的眼神突然亮了起來說：「喔……好喔！樓上還有好幾層，一起上來看吧！我們一起走過鋪著粉紅色大理石的旋轉樓梯，沿著樓梯有著實木的扶手，共有五層樓，第四樓是藏族房東住的樓層，直接走到五樓的頂樓。」

一開門被刺眼的光線充滿偌大的頂樓，有著一個大房間、廁所以及廚房連接公共客廳加上另外的小房間。頂樓的另一半是開放式的超大陽台，到了頂樓繼續往上走，還有個用藍色鐵架搭的戶外旋轉樓梯，最高處是水塔區以及曬衣服的區域。從這棟透天厝可以直接望見滿願佛塔的頂端，也可以跟遠方的雪山相遙望！頂樓掛滿著搖曳在風中的五色風馬旗幟，像是在跟我揮手，呼喚著我……

粗略的看完每一層的空間以及無法忘懷的美麗頂樓後，只記得當天走出那家彷彿是時空膠囊的DVD店後，聽見自己的心臟一直蹦蹦跳著，早已經忘了當初選好的三部DVD了，我打了一通越洋電話給母親：

「媽媽，那個……你幫我準備的結婚基金，現在還有嗎？」……

## 為民宿命名，源自 Sat Chit Ananda

就這樣，我開了一間民宿，取名爲 Ananda Tree House。

Ananda 名字的由來，是在地震過後的一次員工紓壓之旅，我邀請婦女們來到山中（Namo Buddha）由德國人經營的生態小屋度假村，透過按摩、跳舞、玩樂揮去地震後房子倒了、災後重建的陰霾。婦女們發現了生態園區草皮後方的大型跳跳床，是德國女主人 Ingrid 特別從德國運來的舶來品。婦女們對於跳跳床的彈力程度感到相當的驚奇，一個個都輪番上陣的跑上去跳！像是一群小女孩般的又笑又跳，跳完後 Kalpana 喘呼呼的，紅著臉頰，跑來跟我說：Kasto Ananda Buiyo～她的語音拉得長長的，臉部表情流露出滿足喜悅的表情。

這句話是尼文：「好放鬆！好喜悅喔！」這是我第一次聽到 Ananda 這個字音，心裡喜歡這個字的音頻，就把 Ananda 這個字默默珍藏在心裡。

而後在印度的女人圈僻靜活動裡，我請教了一位年長的女性智者關於 Ananda 的解釋，她說這是一個意義很深遠的字，在瑜伽裡，我們會練習：Sat Chit Ananda

Sat 我在
Chit 覺知
Ananda 永恆眞實的喜樂。
串聯在一起就是：我覺知在永恆眞實的喜樂的意思。

往後，我在跟隨著楊定一博士的學習裡，他不時重複提到 Sat Chit Ananda 的核心價值，楊博士翻譯成：在，覺，樂。

當我的內心在與其意義相應後，就決定將這個空間命名爲 Ananda Tree House。

雖說一開始只是步入一樓的 DVD 店家，而且聽說曾經是加德滿都規模最大的 DVD 店，在與房東周旋租屋的過程中，房東說：「不能只租一樓喔！要租就要租一整棟！」扣除房東一家保留的四樓樓層之外，其餘有完整的三層半的整棟房子，包含頂樓的頂樓兩個大陽台，前小院子，總共有十個房間，四個廚房，每層樓都有著美麗的粉色系大理石廊道，獨立陽台套房等。原本的心願是開一間環保小店就好，結果當宇宙回應你的心願時，則是直接演變成，複合式環保民宿＋咖啡蔬食餐廳＋環境友善商鋪＋手作工坊……等。

二〇一八年初，當我從臺灣匯出臺幣三十萬作爲第一筆訂金時，發現自己正往尼泊爾二度創業波濤洶湧的浪前進，錢匯出去的那一刻，深知又要踏上一趟瘋狂未知的旅程了，在幾乎毫無經驗之下，即將要開一間環保複合式民宿。我找了來自喜馬拉雅山的藏族藝術家好友P一起合作，那時心裡頭問了自己一句話：「如果有一天，這些開創出來的空間及美麗的木製傢俱都不是你的，一百多萬就這樣流掉了，你可以接受嗎？」同時，另一個聲音冒出來：「在這個世界上，好像沒有什麼東西眞的是自己的，沒有什麼東西是眞正留得住的，這點想了想好像可以接受，那就去做吧！因爲這種開創的事情也沒有辦法想得通！」

## 生命不是用來恐懼與限制

做決定之前，打了電話給正在環遊世界的伴侶Y，他當時正在埃及紅海潛水，我跟他提到在 Boudha 看到了一個很棒的空間，很想要租下來開店，但內心充滿著無限的恐懼與擔憂，下不了決定，他一如往常理性的，慢條斯理的回覆我說：

生命不是用來恐懼與限制的！

你要如何去創造你的生活呢？

自己決定囉！不論如何我都支持你。

伴侶總是在我下不定主意時，說出智慧的話語，二〇一二年準備在尼泊爾創立布衛生棉社會企業時，連縫紉機都還不太會用。當初也問過他：失敗了怎麼辦？他直回：「沒關係啊！那我們就去環遊世界吧！」

如今我已經把當初環遊世界基金花光在第一次的創業，伴侶也獨自踏上了為期兩年的環遊世界之旅，而我正走在尼泊爾二度創業的路上。

## 與喇嘛的對話，橘色的水

二〇一八年三月，我飛到尼泊爾處理空間的整修工程，二月份時，在地夥伴P已經找了幾位他老鄉的朋友入住，進行房子的打掃整修，我心想都已經整理了近半個月，應該能住了吧！結果我人一到，細看整棟樓的屋況，心想：天啊！當時怎麼都沒有看清楚啊！

打開水龍頭，流出來的水是橘色的，抽取地下水的水塔，已不知多少年沒有清理了，幫忙刷水塔的工人，直說太髒了，要收雙倍的工錢。之前的DVD店老闆，也曾長年經營民宿，他經營的前十年，我不確定每個房間的地毯是否曾掀起來做過清洗，所有的地毯都用膠水直接黏在地板上，只好用強效的化學藥劑把長年沾黏的膠水去除，每層樓的電路電線交織在各個角落，一下子有電，過二十分鐘又沒電，所有的電線電路都需要重新換過，租下房子的前面三個月都是在修房子、修水電、抓漏電、修理門窗中度過。整棟樓共有五間浴室，但每間浴室的水壓都不一樣，已經花了很多錢，還是水一下冷一下熱，一下有水一下沒水，簡直是折磨人。

有一天早晨，來自臺灣的師兄朋友，大清早突然傳訊給我，他剛好跟《開水喇嘛》紀錄片的導演打算要去見一位白廟的仁波切，機會難得叫我趕快加入。我當時還住在Thamel區的住所，立即把上午的會議取

消，跳上計程車往Boudha的方向前進，與臺灣師兄及導演會面後，散步前往仁波切家，一早就見到世界各地的信徒已經從一樓排隊到四樓了，沒想到這位師兄像是擁有通行證一般，我們居然一路暢通無阻的直達頂樓會客室，仁波切與他氣質超脫的夫人坐在一起迎接我們，師兄跟仁波切像是老友敘舊一般，有說有笑的，仁波切還問我們要不要喝卡布奇諾，隨即就請旁邊的出家眾喇嘛幫忙準備咖啡。

突然之間咖啡香就充滿在溫馨療癒的會客室中，仁波切問我在尼泊爾的日子過得如何啊？我想都沒有想，就開始說起近日修房子遇到的鳥事一籮筐，最後說到連洗澡水都是橘色的水時，居然還落下了眼淚，仁波切聽了哈哈大笑的安慰我說：Here is Nepal, some time my shower water is also orange color, we should be grateful that we have water. It's ok la, no need to worried! 大致的意思是：「這裡是尼泊爾，有時候仁波切的洗澡水也是橘色的喔！有水就已經要很感恩了，一切會沒事的，不用擔心！」

我喝著溫潤、由出家眾煮的卡布奇諾，心裏開始稍微放鬆了一點，眼淚再次慢慢地流了出來，心想：自己真的很蠢，難得見到仁波切，居然在哭說水是橘色的，真的很對不起那些在排隊的信眾，實在太佔用信徒們的時間了，不過，回程時腳步輕盈了起來，覺得自己已經可以用橘色的水洗澡了！

## 共同的創造，臺藏青年打工換宿之家

在整修 AnandaTree House 的過程中，有多位藏族青年來打工換宿，有在印度鹿野苑念西藏醫學的女學生 Teswang，Dolpa 高山小學老師兼佛教哲學所的 Sherpa，在寺院教小沙彌英文課的帥氣 Yonten，另外臺灣的好友們也前來換工支持，大家每日一起工作、一起生活，形成了一個可愛溫馨的小聚落，買菜煮飯嘗試創新臺藏尼料理，一股共同創造的力量正逐漸成形中。

藝術家「東」第一次參與海外的壁畫創造，在頂樓畫出了柔和充滿包容接納力量的月亮曼達拉，陪伴著我及旅客們度過無數的日日夜夜，站在曼達拉面前整個人都會慢慢澄淨起來。而蔬食美食家「妃」，是充滿活力創新點子的 Vegan 創意料理主廚，幫 Ananda 開發出無蛋奶的有機蕁麻蛋糕，還有蕎麥餅乾等超級能量甜點，後來成爲我們咖啡廳必點招牌點心。

一群結合臺灣的藝術家及藏族的夥伴們一同入住連水都是橘色的 Ananda Tree House，一開始好像連傢俱都要從學習木工開始自己做，後來發現這樣進度實在是用龜速進行，終究還是決定請專業的木工團隊進駐比較實在。

尼泊爾厲害的木工師傅幾乎都是印度人，這天，我看著木工師傅工班扛著床墊棉被、瓦斯桶、瓦斯爐直接入住 Ananda 一樓倉庫。我問工頭，有什麼需要我們幫忙準備的嗎？工頭說：「一天請給我們三杯奶茶就好！」他們早上七點上工，工作到傍晚六點，所以一早就要煮茶，然後下午二～三點一杯，傍晚五～六點左右最後一杯。自從如魔幻般的木工團隊進駐後，每天就像是變魔術一樣，美麗的傢俱、咖啡廳慢慢地從腦海的繪圖顯化出來了。

製作傢俱的過程很刺激，直接在紙上畫出想要的傢俱形狀設計，標示出大小尺寸，再前往附近的木料行，直接選木頭、運回來，現場就開始施作。我的尼泊爾合作夥伴藝術家 Passang，可以立即手繪出來超美又精確的手稿圖，非常方便木工師傅施作，我那美麗的藝術家妹妹秀蘋，也特別飛來尼泊爾協助我這個傻大姊，她幫忙設計民宿房間的桌子及椅子，全部都是由實心杉木手製而成的。秀蘋還直接帶領工班，教大家如何正確的用磨砂機工作，如何處理較細緻的傢俱，整個工班被美麗的她給迷住了，工作起來特別充滿活力。

三大片框木的落地窗取代了原本老舊黑色的鋁門窗，由舊木料及百年芒果樹拼貼而成的咖啡吧台區，還有展示區的整大片百年芒果樹實木工作桌，一次可以同時坐八個人；牆面的展示架是向尼泊爾社會企業 Abari 訂製的竹子展示傢俱；咖啡廳的地板重新鋪上從 Bhaktapur 古城窯燒的方形陶磚，再一片片的請工匠依古法鋪上；在室內空間，我特別設計了高起來的座位區，由於尼泊爾沒有榻榻米，特別請精通編織的公平貿易組織，根據我們場地的大小，用來自奇旺的大象草，請在地婦女幫我們編織了充滿土地溫潤的草蓆墊，最後再掛上白色系的細竹簾，整個翻轉了空間的形象，美得連自己都有點不敢置信。

和我們在同時期也在整修空間、長期在推廣尼泊爾直接貿易的咖啡品牌 Karma coffee 的奧地利老闆娘 Birgit，是我一同作戰的好姊妹，我們在各自空間整修的過程中，常常一起哭著、笑著，擁抱彼此的瘋狂與脆弱，Birgit 跟我說：No Risk No Fun !!!

## 兩大片臺灣的土牆，守護著 Ananda Tree House

來自風中之星的代賢跟韻雅當時也來尼泊爾換工，代賢帶著當時僅六歲的女兒喜喜，協助進行房間牆面的彩光畫工作，彩光畫是一種用非常柔和顏色推疊的粉刷方式，讓房間充滿光暈紛飛的感覺，代賢如同一位充滿智慧的大姊守護在我身旁，我跟她說：不好意思，對面的施工真的很嘈雜，很怕吵到大家。代賢回覆說：「每天看著婦女搬著磚頭，上上下下，一磚一瓦，原來尼泊爾的施工方式跟臺灣很不一樣耶！

用很多人工的方式喔！我看得好感動喔！」沒有任何的抱怨，而是在混亂嘈雜的施工中看見了尼泊爾的美，還拍下了很多施工的照片，不愧是在臺灣推廣綠建築的先鋒。

某天午後，我也端著奶茶，請大家休息喝茶，代賢說：「好好喔！休息還有奶茶可以喝，太幸福了！這招喝奶茶的招數要學起來。」我請代賢到一樓店面看我們的牆壁要上什麼顏色的顏料，代賢回說：「啊……就用我們研發出來的土啊！土牆最美了，我想不到別的。」不久後我回臺灣，去了一趟風中之星，代賢給了我二十公斤、兩個顏色的土顏料。她的先生仲仁只花了五分鐘，跟我講解土牆要如何施作，我拍下了施作的影片，下一趟就把二十公斤的土顏料帶到尼泊爾。

經過了重重的海關考驗，我終於把二十公斤的臺灣土顏料運到了尼泊爾，在地夥伴都嘲笑我居然帶土來尼泊爾，太誇張了！施作當天，我將那五分鐘影片播放給員工們及藝術家夥伴看，大家眞的像天才般，直說：很簡單啊！就開始混水調配顏色，動手施工土牆了⋯⋯

最後再由兩位藝術家 Passang 及 Wang 幫我們在土牆的最上方，用白土畫出了喜馬拉雅山的線條。店裡的兩大片土牆，像是來自臺灣滿滿的支持與力量，給予了我無數的安慰與愛。這間房子充滿著活著的生命，頂樓花園、一樓院子裡兩棵高過三層樓的芒果樹，一樓的咖啡廳綠意盎然，充滿咖啡香氣，提供有機的蔬食料理，還有兩隻可愛的黑黃流浪狗 Anna & Purna，結合藏式、尼式混上臺式的精神。

Ananda Tree House 試營運後，有一次我從山上的工坊回來就直奔屋頂，正好碰上沒電，在一片黑暗中，發現一對母女坐在頂樓的地上看著星星月亮談心，女兒剛完成爲期一個月的醫療營志工活動，媽媽特地從德國飛來與女兒相聚，母女倆一同去喜馬拉雅山健行，而 Boudha 則是她們完成健行後、返國前在加德滿都休息的據點。看著母女倆如此自在的享受著頂樓，隔天那位女兒一整天待在民宿安靜的不講話，靜靜地幫自己泡上一壺茶，安心的在角落看書、摸著狗兒們。Ananda Tree House 像是在壯闊的旅程後以及返家前的心靈休憩站，看見安住在民宿的旅客們總是讓我感動，覺得一切都值得了。

註：Ananda Tree House 環保空間，是念慈與藏族藝術家合作開設，結合了有機咖啡廳，環境友善商鋪及環保民宿，同時提供喜馬拉雅山區藏族青年學習與就業。更多資訊：FB: ananda tree house

# 根，回溯母地

# 1.

# 我的父親，我的天空

確實是父親過世後，他才重新在我心中又活了起來，我們之間的連結反而比他生前還更深，並時常顯化於日常生活中。之所以會開始探究死亡的議題與書籍，都是因爲年少時直接面對父親驟然的離開，這種落入深淵、黑暗旋渦之中的感受，直到多年後，才有勇氣掀開凝視。

有一回，我在夢境與他相遇，過程舒服自在，甦醒後有一種被愛圍繞、溫暖的流經過的感受。夢境中父親說：他老了，無法整理自己的物品，尋求我的協助，幫助他整理。

多年後的某日，我正在印度 Rishikesh 進行爲期兩週的僻靜營，晨間坐在恆河畔的石頭上，陽光透過水面熠熠發亮，我突然感覺到其實父親的能量從來就沒有離開過，若我願意敞開放鬆，隨時可以連結與感知；愛的能量是無所不在的，就如同陽光般，我可以選擇持續待在陰影之下，或只要稍做移動、調整，就可以被陽光照耀，他一直都在啊！

## 藥房裡的安穩，愛的處方籤

父親是中醫師，兒時，我最喜愛待在藥房裏玩耍，上百罐的科學中藥整齊排列在牆上，稀奇古怪的藥酒、藥材堆積在藥房後的空間，散發出獨特的藥香，我喜愛鑽進裝滿藥罐的櫃子裡，深深的吸氣。當時家裡沒有包藥機器輔助，病患多時，幾乎都是全家出動，小孩們坐在藥台上鋪上淡粉色、淡綠色的正方形紙片，然後媽媽及學徒們開始配藥，用大石碗磨藥，石弛碰觸石臼加上各種藥粉攪拌在一起的聲音，再熟悉不過了，接著把同等份的藥粉放在色紙上，這時我們幾個小孩就可以開始玩包藥比賽的遊戲了。藥房這個小空間散發著神奇的療癒能量，家人們齊心聚力的把父親開的治療藥方，像是變魔術般，化成一包包三角形的藥粉，療癒所有來到此空間身體遭受苦難的人們。

一樓的診所，天天上演著各種人生的故事，也充滿了稀奇古怪的事情，而父親這位獨樹一格的中醫師，精通針灸放血，我每回瞧見針盒裡各式大小長短的銀針，還有看見病患放血後的場景，一心只想著快逃，太恐怖了！父親同時精通風水命理，也時常奉勸病人要注意飲食，要多吃素食少吃肉等；他口袋裡有許多法寶，對症下藥。

有一回，一對父母抱著年僅約三歲的小兒來看診，小孩身上長了少見的腫瘤，那位母親跪下哭著求父親救救小孩，只見父親表情平靜的轉向那位小男孩的爸爸，男孩的爸爸鐵著臉，表情相當嚴肅，父親只說了一個處方籤：請你每天下班後，帶你的兒子去公園散步，多抱他、多愛他，這樣就行了。

## 神農試百草，有實驗精神的求道人

家裡的餐桌是父親養生的實驗場，想當然，我們四個小孩加上媽媽及學徒就是最好的實驗品了，每隔一段時間就會輪番搬上最新的養生法。有陣子家裡陽台種滿了小麥草，全家人每天都要喝這種綠綠的汁；又隔一段時間，買了最新型的果汁機，原來這種葉子叫明日葉，喝起來超苦；飯鍋裡煮的是混合了十幾種穀類的豆豆糙米飯，甚至還買了能量石，要用來測量食物的能量。

有回，老爸的實驗讓我覺得已經是極致了——某天弟弟醒來，家裡的客人還有爸爸異口同聲很緊張的問：你尿尿了嗎？弟弟疑惑的說：我現在要尿啊！爸爸居然要弟弟把晨間第一泡珍貴的童子尿留下來，接著準備要喝！原來是在嘗試日本風行到臺灣的尿療法。

在求道及修行的路上，父親也充滿了實驗精神，合氣道、天地教、清海無上師、印度完美之師、禪宗等，兒時，父親從來沒有陪我們看卡通，而是讓我們看達摩祖師傳之類的影片。

最令我懷念的是，在大自然裡靜心的經驗。常常在週末假日，全家人會跟著父母的朋友們到拉拉山或是

森林中，搭起帳篷住在小木屋裡，在自然中靜坐，或是在樹間拉起吊床睡午覺等；有時去爬山，父親會執意要我們把鞋子脫掉——因爲赤腳才可以接地氣啊！

父親像是好奇寶寶般，天生注定要濟貧救世，開在自家的中醫院取名爲：「博愛中醫診所」，對於每位患者，父親會醫病先醫心，聊上許多生活與情緒的問題，家裡的看診椅總是坐滿人；這時媽媽也會上場，她知道身體會病很多都是心的問題，爲了消磨病人等候的時間，也爲了與患者溝通，她開始去上生命線的課程，探索心理諮商的領域，同時招呼客人、泡茶吃點心，讓候診間變成溫暖的小客廳，而不是冰冷的等候室；我覺察出父母所提供的是種愛的療癒。

從小生長的環境，讓我以爲所有的醫院及醫生都是像我家這樣的，直到父親過世後，我才開始接觸西醫，第一次看診兩分鐘草率結束，連話都還沒有說完，就被請出去拿藥，當下我的心震撼無比。於是我才明瞭，原來家中一樓的診所是一個典範，醫師夫妻加上學徒們齊心齊力所創造出的療癒空間，像是注滿藥師佛的光芒一般，而我又是何其有幸可以在此成長茁壯，似懂非懂的見證這一切。

父親的離開，也意味著一切舊有模式、教條、規範的瓦解，所有原本加諸於身上，家庭的限制與框架也隨之褪去，我們家的四個小孩，可以用更自由的方式，去探索自己人生的道路，以及思考爲何從前父親要這樣教導我們，而許多的道理，都是要先放掉、忘卻舊的模式，透過自己的身心體驗，才慢慢瞭解到——啊！……原來是這樣啊！

## 2.

# 我的母親，我的土地

週六午後灑滿光輝的柏油路上，一如往常，母親在上完插花課後，踩著腳踏車在返家的路上，遠遠在巷口望見她，穿著棉質寬鬆的褲裙隨風飛舞，滿車載著新鮮花束、點心麵包，一路豐盛的滑行抵達家門，我開心的衝向前大喊：「媽媽，你回來了啊！」

母親是豐盛的大地，承受了一切，接受了一切，也養成了一切。

達賴喇嘛說：母親是我們一出生時的老師，是第一位教導我們何謂「愛」與「慈悲心」的人。若沒有母親，也就沒有今日的我，若一顆種子，缺乏了沃土的滋養，何能可成大樹呢？

母親對我的愛是如實的接納，既是欣賞又是讚美，像是感嘆自己怎麼造出如此美麗的創造物一般，而這豐盛充盈的愛，將透過下一代，流向人間。有一年母親節，我問媽媽需要什麼禮物，她說：「什麼都不要，只要你們快樂就好。」

## 送我去旅行，旅行的紅包袋

我在高中階段感受到無限大的壓力，無法適應升學的體制，加上父親的驟逝，高二升高三的那年，差點被留級，我不敢跟媽媽說，於是就想出一個比留級還要慘的點子，想先試探她的反應，我欺騙她說：「媽，我懷孕了。」

沒想到母親居然語氣平穩地說：「喔，那就生下來吧！」

她的反應讓我整個傻住了，接著才支支吾吾地說出真相，母親先問可以如何幫助我，之後拉著我的手，先帶我去拜拜，然後一起去學校找老師談，陪我度過難關；好不容易我撐到高三聯考結束後，隔天，就直接幫我安排了去中國的絲路之旅，在近十天與大山、黃河、沙漠、天池接觸後的暑假，解放了我抑鬱的心情，一絲自由呼吸的感受才慢慢重新回到身上。

大學畢業後，我成爲 NGO 國際發展工作者，創業後的人生，時常一年之中有半年的時間在國外，出國成爲家常便飯，媽媽時常開車往返機場接送我，每每總是會在出發前一刻，接到媽媽親手寫的紅包袋，裡面放著少許的臺幣及美金，紅包裡總是會附上一張心經或觀世音菩薩的小卡，在海外孤單時或遇到較辛苦的時刻，就會拿出來看看，看完就會有一點小力量長出。

有一年的紅包袋是這樣寫的——

可愛又勇敢的女兒：

出門在外，學習與經營均須用心，努力但以平安爲首要。

在不熟悉的國度，盡量不要落單，及前往偏避之處旅遊，切記不要太貪玩。

祈願一切順心、順事，菩薩保佑。

母親日日均會爲您祈禱。

至今，我累積了一盒的祝福紅包袋，這些小紙條，像是一條紅色不斷的臍帶，繫著我與母愛的連結，一直不斷的滋養著我，讓我可以心安，飛得更遠，去做連自己都不敢相信的事情，去遭遇那些神奇的生命時刻。人說：樹有多高，根就有多深。母親堅定如山的愛與支持，就如同神木的根系，堅定充滿毅力，日日夜夜的守護，盼望著綠葉，接觸到陽光、空風和水。

## 保有初心，赤子心背後的母系力量

兒時，我們四個姊弟妹共有一個大房間，任由我們瘋鬧玩耍，時常會發明一些超級有創意的點子或是遊戲，讓媽媽哭笑不得！每當我們鬧事要挨揍前，因爲鬧事的原因或遊戲實在是太好笑了，結果大人小人又笑成一團。但有時仍不免被揍得很慘，眞的是太皮了。

記憶中，兒時在睡前，母親會放一種很寧靜，充滿無限想像力的玄妙之音，就像是從很遠很遠的地方傳來的，我們問媽媽這是什麼音樂？她說：這是宇宙的聲音，來自宇宙的音樂。

如今母親已七十歲了，有時還是像小少女般。某個深夜我在房間內寫作，突然有一陣相當急促的敲門聲，我心想是發生什麼大事了？一開門，看見母親身穿一襲新旗袍，欣喜若狂的問我：「你看，我穿這樣漂不漂亮啊？」還一直要我幫她拍照，只好在深夜陪伴母親上演時裝秀。媽媽總是有辦法突發奇想，對生命充滿熱情。

家中有一張大的神木桌，木頭的質感相當溫潤，是父親的病患送來的禮物，據說是颱風過後，從桃園石門水庫撈上來的神木製作的桌子，這張美麗的木桌是母親在夜裡進行花藝創作的最佳陪襯。只要遇上花，原本躁動不安，急急忙忙的媽媽，就會進入到「靜」與「在」的狀態。寧靜的表情，專注的神情，像是正在與花朵進行一場即興交織的舞蹈般，母親天生的美感與創作，注入在一盆盆質樸的陶器上，爲家這個空間，注入了愛，香氣，暖化了整個空間磁場。

有一回參與女人圈的練習，負責引導的友人 Dariya 邀請我們想像，此時此刻你的母親正坐在你的後方，然你的祖母坐在你母親的後方，以此想像連接下去，去感受在你身上顯化的背後母系力量的支持，那些亙古至今延續而來的力量。你的背後有著祖奶奶脈脈傳承的智慧、愛與結晶，就像是在我身上得到的愛，是因爲阿嬤教導母親何謂愛，而我也將此愛在從自身流向到下一代。

# 3. 三姊妹，在南印度生態村重拾兒時笑容

二〇一三年六月在即將出發尼泊爾之際，我與兩個妹子隨口約定好，要在十月份前往南印度生態村（Auroville，中譯：曙光之城）相聚，慶祝我三十一歲的到來。在海外工作久了，特別掛念家人，這個口頭上的約定，是一個繫住我們之間的約定，想到就要跟妹妹們一起旅行了，就能再度興起一股往前的動力。我們三姊妹各自擁有不一樣的工作經驗與背景，生活的步調也大不相同。旅行有趣的地方，在於因應在地生活作息而打破原有的生活型態，轉換生活方式的過程，則是對於自我很好的觀察與認識。

## 獨缺小妹的絲路之旅

與手足旅行的記憶，可以追溯到大學聯考完的隔天，我帶著弟妹展開的一場絲路之旅說起，媽媽說：「這些地方都是爸媽曾經走過的痕跡，你們一定要走上一趟。」

當時小妹正處於水深火熱的國三階段，我以過來人的角度，建議媽媽這次先不要讓小妹去，不知道究竟是因爲我的建議，還是媽媽也的確認爲小妹當時不適合出遊，絲綢之旅成爲我、弟弟還有大妹的共同成長記憶，獨缺了小妹。想不到這個決定，就此讓小妹帶著傷心，走了人生一大段路。

小妹直接從臺灣飛印度比我們早一天抵達，已經先行出國的我跟大妹則搭了二十八小時的火車從德里到清奈，凌晨時分終於到達了生態村。深夜裡的生態村被夜間動物各種叫聲環繞著，我跟大妹背著行李、拖著疲憊身軀，在夜色裡，我看見了被爬籐枝葉圍繞的小屋，在森林裡靜靜的等待著我們的到來。民宿主人爲我們留了一盞夜燈，我們走進了即將居住的小屋，心就安定了，小妹睡眼惺忪的起床迎接我們，三姊妹終於在森林小屋相聚了，對於未來兩週的「新家」感到不可思議與喜悅。

住在森林小屋的兩週裡，我們採購了足以邀請朋友隨時來聚餐的食物份量，慢慢的認識屋裡的五隻貓咪，傍晚時爬上屋頂瞭望著遠方的空中閃電，洗澡時發現蝙蝠寶寶掛在蓮蓬頭上睡覺，享受著這個空間帶給我們的能量與驚喜。騎車在路上時，要注意閃過走在道路上的孔雀與牛群，早晨時，我們前往社區的靜坐中心，讓一天從靜心後開始。民宿主人與我們分享他的靜心經驗：靜心中心就像是一面鏡子，讓我們去面對心中最深層的恐懼與不安，讓我們鬆動、揭露我們不想面對及不想看見的事實。

## 海邊的淚水與對話

生態村所在地 Pondicherry 是一個美麗的海邊小城，帶著法國殖民時期的優雅與浪漫，混搭著印式的雜亂風格並存，這座城市也是電影《少年 Pi 的奇幻漂流》一開始出現的海邊城市。

有一回我們在結束購物後走在海邊的夜市小路上，沿途吹著海風，欣賞著晚間的印度休閒時光，這時我察覺到小妹似乎心事重重，於是我們在海邊的餐廳旁停了步伐，我很想知道困擾她的心的原因是什麼，鼓勵她說出來。

此時小妹混雜著淚水，唧唧嗚嗚的在大哭中努力說出隻字片語，原來竟是青少年時期沒能參與到哥哥姊姊們的絲路之旅，讓小妹有強烈被拒絕、被拋棄的感受，總覺得我偏心，覺得我一直都不夠愛她。因為事情過了十多年而且深埋在心底，小妹始終找不到適當的理由及時間點說出自己一直以來的感受；加上後來與我在相處上又累積了許多的誤解，竟然在事隔多年的南印度海邊，回憶無預警地湧上了心頭，瞬間無法克制的情緒終於大爆發，一發不可收拾。

我當下嚇壞了，身旁已經圍了一群原本在散步的印度人正等著看熱鬧，我設法不讓這群路人干擾我們，靜下心，抱著妹妹說：「謝謝你讓我知道你的感受，我無法相信你居然過這麼久才讓我知道，真的心裏很辛苦，姊姊跟你說對不起。我一直都很愛你，當初真的不應該擅自幫你作主，讓你受苦這麼久，請告訴我，該如何協助你，幫助你放下這些過去的事情？讓你可以快樂？」

我很慶幸這場海邊的真誠對話，這個經驗讓我發現真實面對自己感受、以及適時的把感受說出有多麼重要。我在沒有覺察的情境下，跟小妹過去十幾年累積的心結，居然在南印度海邊就此打開了，後來我們之間常常開玩笑的說：「下次有什麼不爽的事情一定要立刻說，不要再放十幾年了。」

這趟旅行的禮物，是在沒有預定行程表的情境下，迎接每日自然連結的因緣與巧合，我們遇到了幾位在地的朋友，他們分享著生活就是修行的實踐，這些在地人背後都有著不同的社會實踐與影響性，帶著謙虛的心、開放的態度與我們分享人生觀，在這些朋友的身上，我都會看見像是小孩般的笑容展開。在生態村相遇的人事物，都讓我們驚嘆著，隨時提醒著我們生命的可能性。透過這趟旅行的相處，讓我回顧了童年時期的狀態，也讓我與自己的內在小孩連結上了，旅程的尾聲，我再次看見妹妹們童年時期才會出現的那種咪咪眼笑容。

沒有預料到一場隨興約定好的慶生之旅，居然會點燃起我們三姊妹的記憶，這些被迫產出的記憶痕跡在旅行中被挖掘出來，讓彼此重新看見童年相處時的傷痛與回憶，也讓姊妹間的關係得到重建。

# 4.

# 祖父的傳承，家族的和解與共創

一切都要從發臭開始講起。

桃園老家一樓的空間瀰漫著腐爛的氣息。

沒錯，是有老鼠從一個漏洞鑽進家裡，築巢生 baby，家裡又有源源不絕的貓狗飼料、無限量供應，待發現後已大勢不妙了。後來，老媽放的老鼠藥奏效了，吱吱喳喳的聲響變小了，但是卻開始傳出臭味，直到噁心撲鼻的氣味讓人忍無可忍。

一樓堆積了父親過世多年以來的雜物、藥品，像個塵封已久、充滿灰塵的箱子，乏人問津。十幾年來，家人們把不想看見的東西往裡頭扔，把情緒往下壓，哪知這個空間居然有反撲的一天。

我們家一樓曾經是父親的中醫診所，兒時，每天上下學經過一樓總是坐滿著病患，而我下課後習慣溜進藥房跟媽媽及學徒們聊天講話，一邊坐在藥台上幫忙包藥，充滿藥草香氣的藥櫃是我童年的回憶。父親過世後，一樓的古樸中醫院也跟著歇業了，很長的一段時間，一樓變成了灰暗地帶，那些埋藏著對於父親離世的悲傷，以往掛著「佛心濟世」匾額的空間，今朝卻已推滿了沒有人想要處理、或沒有動力處理的遺物，這裡存放著家族的共同物品以及父親生前中醫診所的藥材及稀奇古怪的物件。由於父親同時是風水師，對於書畫也有相當程度的興趣，並熱衷追尋不同的宗教，可以說是一位尋道者，上百本的書籍就像是孤苦零丁沒有了主人般，這些物品像是幽靈般盤踞在一樓偌大的空間裡長達十多年。

## 開店，讓家族經歷蛻變與重生

我跟大妹秀蘋各自有了自己的品牌商

品後，也有了想要開店的念頭，但遍尋不著適合開店的所在，臺北的租金太貴，迪化街老屋再生計畫投案記錯時間所以也宣告失敗，在面臨一連串的嘗試及不順遂之後，這時正在徒步環島的小妹與男友，從家出走，花了七十多天徒步走了臺灣一圈，直接走回家，行腳過後，先前在環保團體工作的小妹，決定要開一間推廣環境友善的店舖。

沒料到小妹徒步環島回家後，我們三姊妹突然發瘋似的大喊說：「不然就開在家裡好了！」三姊妹心連心，發現我們家正是需要活化的老屋啊！就在眼前，如此靠近，如今才看見！在相同的時間點，我們三姊妹不約而同的興起想要在家開店的念頭，一開始媽媽可開心了，不過，到了眞的要開始丟棄、整理物品之際，母女間的空間爭奪戰也日益白熱化。

花了近半年的時間，大家才鼓起勇氣去面對家中的一樓，成堆的雜物，不知名的物品，家族過去所堆積的物件，還有父親所遺留下的珍貴藥材、書籍，最最重要的事情是母親對於父親及過去空間的情感。現實所逼，一場極限斷捨離，徹底翻轉空間的旅程就此展開，過程瘋狂，情緒大爆炸，堪稱是四個瘋女人——我們三姊妹與媽媽的戰場。

越是整理，也越發現我們在處理的不只是雜物而已，而是過去十多年被埋藏在心底深處的家族情感，每當我們姊妹們好不容易在整理好要丟棄的物品時，母親就會衝出來阻止我們丟棄，就這樣一來一往，大家都累癱了，母女們彼此互吼、相互折磨，因爲一樓空間的擾動，也讓看似平和的家庭氣氛起了很大的波動，整個家庭正在經歷一個痛苦的重生與蛻變。

## 把中醫院拆了，連門牌也打掉

一箱箱的昔日的記憶被清空，一箱箱昔日所糾結的情感被挖出、看見、整理後，放下。待雜物清理得差不多後，我們發現格局還是以前中醫院的樣貌，空間卻已經不合乎現在的需求了，於是乎我們請來了拆除工朋友，協助把格局打掉，動工那天，拆遷工人來得早，原住民楊大哥是來自宜蘭南澳有名的拆遷達人，帶了一位高壯的助手，兩位大哥異口同聲對我說：好，要開始囉！

我心情都還沒有準備好，大哥們就像發了瘋似的，東敲西打，一樓中醫診所的格局正快速崩毀中，我們三姊妹在一旁看傻了眼，老媽更是直接躲到二樓完全不敢看，在一片震驚中，楊大哥突然對我說：「看什麼看，快來幫忙啊！」接著就遞給我一柄這輩子看過最大的鎚頭，吩咐我負責打掉一面牆，我完全來不及思考，只能使出全身的力量，發了狂的奮力敲打、猛力的鎚擊、一個個破碎的洞，和一整面牆連成一起，隨著牆的落下、打掉一切，也打掉那一切發臭、腐敗的氣息。

打到最後，居然感覺到我的心有一部份被鬆開了，突然很想痛哭，也極度激動，我們竟做了這樣一個看似瘋狂的決定，不到一天的功夫，一樓的空間已經完成變樣了，寬廣穿透的空間，讓我體認到什麼是崩毀與重生，讓空間回到無，將有著無限的可能。

## 阿公的名！

關於店名，也是經歷了想破頭，最後卻發現店名早在我們出生前就刻印在大門口兩側，一切早已就位，就等著我們醒來、看見、發現而已！

一樓原本博愛中醫診所的大門上，黑色的大理石刻印著父親追念祖父的對聯：

本願濟人得窺金匱
立身行道頓悟玄機

翻譯爲白話文意思是：

發心以濟世救人爲宗旨，深入醫學之精髓；
處事以實踐眞理爲目標，明白自然的奧妙。

老實說，一直到有了開店的念頭，才憶起了祖父的名——林本立，也才開始認眞的抬起頭來看這副老早就刻印在家門口的對聯，並試著去感受父親寫下這副詩詞的內涵爲何？

祖父離世得早，從未見面，但只要有親戚或父親提到他，總是瞇起眼睛，用客家話不得了的讚嘆詞，想起那仁慈公正，地方上良善的居士，人人都感念，同時祖父也是一位充滿藝術氣息的廟宇工藝師，於是我們將店名正式取名爲：「本立自然良品」，某天大妹突然靈光乍現，在工作桌上立即寫下，「以自然爲本，立足於大地」，於是此空間的精神、價值到位了，以意帶動氣，意到了，等待一氣呵成的轉化。

## 深夜的夢想藍圖，非暴力溝通

有天深夜，全家坐在一樓規畫著未來這個空間全新的樣貌，由我伴侶Y擔任引導師的角色，在白板上畫了一個橫跨四十年的軸線，帶著每位家庭成員重新回顧，嘗試去看見過去四十年，這個空間發生了什麼故事、事件、變化等，屬於一樓空間的生命歷史回顧。

此空間前後有十多年是博愛中醫診所，而後沉寂了約十五年之久，接下來再將此軸線又往未來延伸五～十年，問大家：期盼在此空間長出的樣貌、期待注入的能量，期待看見的景色爲何？

我們每個人都快速的寫下要點，寫越多越好，接著把全家人寫出的要點紙條全部攤開排列在地板上，像是拼圖般的按圖索驥，找出大家的共同點，也就是目前的家庭成員期盼在此空間產生的力量、能量、核心爲何。從點到線到面的共同探索，記憶中那個深夜，家人們在寧靜中思索，去共同看見那未來的景色，那一晚既緩慢又快速的進行中，讓能量凝聚在一起，最後是開心的以紅酒及頂級黑巧克力乾杯收場。

隨著整個空間轉化的過程之中，三姊妹之間加上與老媽的爭吵，也越演越烈，每個女人都有自己做事情的方式，互不相讓……

這時候充當引導師的伴侶又上場了，這個夜晚我們一同學習何謂「非暴力溝通」，這回連老弟也加入了工作坊，探討最近有何生活上的衝突事件？

母女、姊妹們互相指責對方，老弟則是帶入了公司內上對下的不良溝通，經過這場不可思議的理解與對話，我們彼此學習回到衝突點，嘗試用另一種理解他人的對話方式，是否彼此的情緒都可以舒坦些，這個夜晚的練習，邀請家人們學習對於情緒的覺察。之後的某天，老媽突然跑來跟我說：對不起，謝謝，來抱一下。

## 愛的療癒空間

偌大四十多坪的長方形空間完整浮現，一覽無遺，連天花板的輕鋼架也被打掉，此時才讓我看清這個空間的本來樣貌，當一切回歸到「無」，去用心感受這空間想要呈現的，去感應這個空間的能量，它是會回應你的，一切交由空間來帶領。

短短不到一季的時間，有如神助一般，來自龍潭的客家水泥師傅工班、拆遷及精通所有大小工地事務的原住民大哥、年輕的水電工阿文、木工學徒成學、一壹木工設計的朋友，老木門、老窗戶、連父親遺留的十多片原木匾額都派上了用場，許多的木料都是重新再利用家裡的舊傢俱及匾額，而美麗的匾額就如同雨滴般巧妙地散落在此新生的空間裡，美麗的木質去漆後再現，而匾額的文字，也被重新組合，藏身於空間之中——在一張原木小板凳上，可以遇見「愛」這個字。

我們三姊妹加上老媽，延續著父親及祖父的愛，將此空間注入新能量，而老弟是最佳的支持者，總是發出驚嘆：哇！怎麼動作這麼快！

寬敞通風的空間，飄蕩著花朵及藏香的香氣，一股安定的力量升起。

室內的手工木作吧檯，是利用家裡老傢俱及父親的診所的匾額再生，帶有質樸又現代的風格；牆面至天花板所用的顏料，均是天然無毒的礦粉塗料，柔和的藍綠色、粉色融化在空間之中。

佈置好的展場則販售著三姊妹喜愛的環境友善產品，有來自尼泊爾手作的天然服飾與織品、棉樂悅事的環保布衛生棉、大妹自創品牌 Bonté 好物金工的飾品以及臺灣各地、桃園在地小農的產品，還有林媽媽的藥草包、蔬食料理及念茲在茲的四神湯。

這個空間充滿著女性的包容、分享、邀請與療癒的力量，我們願意將此空間分享給前來的各方朋友，讓綠色溫暖的光發散出去，它在父親執業的年代，原本就是一個川流不息、屬於大家的空間，它從前就是一個療癒身心的所在，現在僅是交給下一代，邀請愛流傳下去。

# 在，生命的大僻靜

# 1.

# 「尼泊爾封城記」被上師找到——西藏瑜伽行者

Guru，從黑暗到光明；
Lama，引領你去認識「我是誰」。

瑜伽行者說：你不用特別去找上師，而是被上師找到！因爲你的心願（Apparition）和成熟度，會在對的時間點遇到相對應的老師；而這個老師也不一定是以人的化身顯現。

二〇二〇年眞是難以預料的一年，大年初二才剛吃完年夜飯與心愛的母親及家人別離，離開臺灣前往南印度舉辦「女人子宮智慧僻靜營」活動，二月五日團員們趕在疫情即將擴散前平安順利返臺，我多給自己兩週的假期停留在曙光村，享受課程後的豐盛與身心重新的調頻與整合。

二月中旬神采飛揚的從充滿陽光的南印度飛往冬天的加德滿都，預計短暫工作一個多月，三月中就要回臺準備參加弟弟的婚禮。人算不如天算，三月中我取消了原定香港轉機的機票，因爲經由香港轉機，回到臺灣需要被隔離十四天，因而動念想去吉隆坡轉機，幾天後，馬來西亞的國際機場也關閉了轉機的服務，而再過幾天，尼泊爾無預警地進入全國性的封城。當時正在山上村落工坊工作的我，彷彿心有預感，前所未有的在三月封城前就買足一整年工坊所需的布料及原物料，也把所有的布料運送上山。

## 從無預警一週封城到無限期封城

尼泊爾當局在三月二十三日晚間八點宣布，從隔天清

晨五點開始進行全國性的封城，當晚我在山上 Hasera 農場裡的廚房來回踱步，想破頭地到底如何才能順利回到加德滿都呢？所有家當都在 Ananda Tree House 民宿裡，我只有身上穿的一套衣服而已，如何能度過不知盡頭的封城啊？打了幾通電話給熟識的司機們，所幸有一位在村裡長期合作的司機 Shiva 願意在夜裡十點左右接我進城，Shiva 只說：動作要快喔！

我跟 Bigyan（Hasera 農場主人的兒子）和德國女生扛著上百片的布衛生棉，在黑暗的山路邊等待 Shiva，此時德國女生突然用手機放出電子音樂，大夥就在路邊莫名的跳起了舞，這情況實在有點好笑及荒唐，既不是逃跑也不是避難，而是一種難以說明的末日心境。沒多久，Shiva 飛車快閃似的抵達，打開車廂把布衛生棉全部丟上車，就開始飆車一路暢通無阻的抵達了博得拿（Boudha），沿路上望去皆是滿滿的返鄉車潮，只有零星的車駛進加德滿都，當大家都要離開城市往村落去時，我這時竟然要逆向進城？事後回想眞的很像電影場景，一個異地女子跟著滿車的布衛生棉在夜裡飛車駛進即將要封鎖的加德滿都。

隔天醒來，一反往常的，整個城市安靜了下來，早晨充滿鳥叫聲，遠方寺院的鼓聲取代了喧囂的車聲，路上一片靜悄悄的，剩下以街爲家的狗兒在打呵欠。

封城前，臺灣的家人非常擔憂，曾經要我設法買單程機票飛出尼泊爾，當時還可以前往新加坡或杜拜，只是單程票價已經高漲到六～八萬臺幣，並且沒有銜接下一班返臺的航段，離開尼泊爾到我不熟悉的國度滯留，反而讓我覺得是最危險的安排，我辦不到，此時心就告訴我，待下吧！安住吧！好好享受無所事事的生活，這是老天安排的假期。

## 和瑜伽行者 Mingyur la 初相識

才過了兩天靜謐的封城生活，就覺得可以加入住在我們 Ananda 民宿的日本房客及奧地利房客每日去上的佛法課，隨興發了訊息給日本住客Ｍ，請他幫我問 Lama 可否接受新成員加入。只是我發完訊息後沒多久立即反悔——唉，就只有一週的封城，何必又一直幫自己排行程呢？真是閒不下來！所以就又跟Ｍ說不去了，沒想到這時Ｍ回我：Lama 非常歡迎你的加入，你就自己決定囉！若你想去的話，我們可以約下午兩點四十五分一起出發。

看了時間，已經兩點十五分，我還在吃飯。沒想到Ｍ又回：我提早出門是要去印講義，正式課程三點半才開始，可以改成三點半在白廟門口會合喔！我可以去接你！

這下我實在沒有任何藉口了，好！我去！

果然時間一到，Ｍ出現了，帶領我踏入第一堂的佛法課。

第一次見到瑜伽行者 Mingyur la，他灰白的頭髮束成馬尾，穿著白袍，高大的身材及溫暖炯炯有神的大眼看著我說：「歡迎你！」

在這之前，我根本沒有聽過《入菩薩行論》，沒上過什麼正式的佛學課，但 Mingyur la 的聲音讓我的心靜了下來，第一堂課也不是特別聽懂了什麼，但上完課後我很開心自己來了，而且心喜的期待隔天還要再去，而就這樣很自然的開啟了往後五個多月的每日佛法課。

# 2.「尼泊爾封城記」在光中的佛法課

藏香燃起，在午後絢麗的光中飛舞著，兩隻狗兒安然的睡在一旁陪課，每日的課程從一聲 Om Ah Hum 開始。

（光明珍貴的根本上師，在我的心中，綻放出在蓮花月光坐上的您，在菩提心之下，請庇佑我，賜於我「身、口、意」醒覺的力量，淨化一切由你所顯化的行動（身）語言（口）及思想（意）……）

Om Ah Hum
Glorious root guru/lama, precious one
A lotus and moon seat support you in my heart center
In your great kindness, having taken me under your protection
Grand me the power of enlightened Body, Speech and mind.

這位身披著白色棉布，灰白及肩的長髮俐落束起在腦後，露出淺淺微笑及炯炯有神大眼的瑜伽行者，坐在我面前唸誦著梵咒。

接續說著：

Generate the Bodhicitta, without the Bodhicitta is no possible to Bodhisattva.

（升起菩提心，若沒有菩提心，是不可能進入菩薩道。）

Bodhicitta means: love, oneness, compassion and rejoice.

（菩提心意旨：愛，合一，慈悲心及歡喜心。）

Then wisdom happening, the actual real.

（具足這四要素，智慧才能展開，進入那究竟的實相。）

這一生，第一次有一位這樣的人，日日跟我說起有關於升起菩提心的事，已經持續進入第二十五天了！

## 來自西藏的瑜伽行者

他是一位來自於西藏的Ngagpa（意指：瑜伽行者），我們叫他做Mingyur la。關於他個人的故事，其實我什麼都不知道，我只知道這是關於一部經典《入菩薩行論》（註）的佛學課。

但，這可以說是課程嗎？一個僅有四個學生的佛學課，每當我課後想要隨喜奉獻時，Mingyur la就會說，也可以不用給喔！不用給太多錢……等等的話。看似臨時組成的佛學課，就在這位瑜伽行者借住的朋友家中樸實的客廳展開，而且時不時，Mingyur la年邁且患有失智症的西藏老媽媽，會出現在客廳，重複說著一樣的話語，隨時可能打斷這門發起菩提心的課程，Mingyur la總是耐心回覆同樣的話，帶著一貫的微笑，沒有升起一絲煩躁厭惡的心。

有一天Mingyur la跟我們說起一段話：「若誰有機會照顧即將往生的父母，這是人生最大的福報，也可以說是相當幸運，這是我們能給予最有價值的時光！這段時日若眞心的給予及付出，給出全然的、眞誠的愛與關懷，其實連一句話都不用說，是心的發散與漣漪，將自動帶出家中的改變與轉化，使你餘生中永不後悔，這是幸運之人才有的福報啊！」

我們每日練習著經典《入菩薩行論》（The way to Bodhisattva），先前我連聽都沒聽過，居然就要直接一字一句的解讀藏文版，而我也就這樣開始陰錯陽差的突然進入了藏文的世界。Mingyur la說，藏文是Dharma Language，正法的語言啊！

## 封城期間的無所事事成了從天而降的大禮

有天在課程開始前，Mingyur la問大家有沒有想要說的話，我的眼淚不聽使喚地直流，說著感謝Mingyur la每日不厭其煩的提醒著我們要升起菩提心，這是這輩子第一次有人無條件的，如此有耐心的提醒著我啊！

Mingyur la回答著：「我們就這五個人，來自臺灣、日本、奧地利、尼泊爾及西藏，可以在這個時間點，每天一起練習關於『覺』的課題，而不是討論不知所云的話題，而且是發生在Boudha（博得拿）、尼泊爾的藏傳佛教聖地滿願佛塔之處，這裏住了多少人啊？然後眼光再放大，整個加德滿都有多少人？再放大，整個尼泊爾有多少人……再放大，整個亞洲有多少人……就如同我們藏人常說的，無限放大到天空的盡頭……會有這樣的因緣發生，一定是我們之前有所連結，要珍惜有如此的機會讓我們學習啊！」

這次的尼泊爾無預警的封城，讓我深深覺得是在一個神聖的遊戲之中，而這遊戲規則是練習所謂的「無所事事」，所有的練習從外轉而到內，直逼人心！我的工作全部都無預警的停擺了，「棉樂悅事」在山上的工坊已經停工近一個月，婦女們在村落裡跟家人團聚，伴隨著尼泊爾春天的雷雨，也開始農忙了！

## Ananda Tree House，另類的僻靜中心

我在加德滿都開設的環保空間 Ananda Tree House 也停擺中，美麗的咖啡廳就這樣靜靜潛入在鐵捲門後的黑暗中，我們的民宿只有兩位滯留在尼泊爾的住客，一位來自日本的舞踏身體藝術家，他長期住在柏林，先去了印度一趟進行閉關，之後來尼泊爾想要更親近佛法；另外一位奧地利女生，已經旅行了一段時日，之前曾在印尼小島協助有機維根（Vegan）餐廳的營運與開發。

我們三人每日的共同行程就是下午三點二十分準時出發，散步前往 Mingyur la 的佛法課，六點左右再散步回到 Ananda Tree House，空閒時，我們就會衝到頂樓，一起看當日的夕陽落下。我們變成了所謂的「道友」，成天討論的話題就是：你又學會了什麼藏文？用很破爛的藏文彼此說笑；分享哪個仁波切的演講很棒、以及線上佛法教學及視頻；每日晚上七點到八點還有一起靜心的時間，我在加德滿都開設的民宿，頓時成為了另類的僻靜中心！這樣的日子過得實在是難得又殊勝，我們不再抱怨每日無聊只能關在民宿裡，而是心喜著

這從天而降的禮物，在生命之中難得一見的空檔。

這遊戲規則是要你排除一切外在的交流與繁忙的行程工作，當你有了不知盡頭的空檔時，該如何建立起自律且豐盛的生活；當一切都從繁入簡時，你是否可以體驗出在時間中流逝的「空」。

我也開始在每日入睡前，點上酥油燈為世界的疫情祈求保護及祝福地球的轉化，我手持著酥油燈的光明，與陽臺前的月光相呼應，傾倒了滿是盛花的倒影落在地上。曾經詢問一起共修的臺灣師姊 Yashe 點酥油燈的意涵，她說，這其實是點亮自己內心中的無明，一切眾生的無明，願智慧帶給十方！

Mingyur la 說，智慧不是去發展，去創造，而是去「找回來的」，去除心中的無明，找回那原本就在你我心中的大智慧！

我的尼泊爾封城記，又再次順應宇宙的精心安排，變成了另類的閉關。我將好好利用這時間，承接這上天賜與的珍貴大禮！

---

註：《入菩薩行論》，作者為那爛陀寺的寂天菩薩，為八世紀印度大乘佛教哲學著作。內容為如何發起、實踐菩提心與行持六波羅蜜。此書影響了大乘佛教中對菩提心的實踐方法的討論。在藏地、漢地與歐美均享有盛名。

專欄文

# 正念與覺知

佛法課進行到《入菩薩行論》的第五章〈護正知〉，對應的藏文是：ཤེས་བཞིན་，

While in the knowing state.

In the aware state of the truth.

在實相裡，隨時保持「覺知」的狀態，

實相意旨：一切事物如實地顯現，而如實也就是事物的本質。

目前的理解是如何運用正念及覺知來維持心中的光（火焰），也就是菩提心。

瑜伽行者說：

如果心中的火燭很小，一有風吹草動，這心中的光很快就熄滅了；

若心中的火很強大，風一吹，其實就形成了助力，幫助火焰興旺。

這個比喻是說：

若內心夠強大，外境所發生的事情，情緒也好，事件也好，都可以變成一種淨化的修煉。但若內心不夠強大，一點小事，風吹草動，都足以把心中的光熄滅，信心摧毀。

瑜伽行者說：正念（Mindful）及覺知（Awareness）在藏文來說是一個字，
བཟླས་，這個字意旨：兩條線撚在一起，合二爲一，形成一種不可被破壞的力量。

接著他將雙手以手背碰手背的方式相疊起來，放在胸前，也可以說是心的雙護法。可以把「覺知」想像爲向外的手掌心，也就是第一層的保護，向外的守護，隨時知道自己在做什麼，同時也可以覺知到自己正在分心、正在與專注的事情分離，被念頭帶走了。

例如：我正在寫作，但我的念頭已經出現等一下下午茶想要吃什麼？要看什麼電影等「不相干於寫作」的念頭，隨著這個「不相干的念頭」去旅行了。

這時「覺」就會意識到說：我的專注力跑掉了，跑去下午茶那兒旅行了。

所以「覺」代表著：意識到當下的心已經跑掉了！

另一個向內的掌心，就是代表「正念」Mindfulness，第二層的保護，向內的保護，把跑掉了心，跟隨念頭的心，拉回來回到當下，專注於眼前正在發生的事情，也就是回到寫作！

以藏文來說，正念（Mindful）及覺知（Awareness）是一起合作的共同體，也就是說：

覺 Awareness：隨時都知道自己在做什麼。

正念 Mindfulness：隨時把自己再帶回心，當下，此時正在專注的身口意行爲上。

正念與正覺，如兩條線撚在一起，形成強大的力量，一種向外及向內的雙層保護網一般，維持著好不容易在內心所升起的信心火燭——那心中的光！

# 3.「尼泊爾封城記」被上師找到——流不盡的眼淚，心與心的相續

不知不覺地，從春天來到了夏天，午後的佛法課已經持續三個多月。

奧地利女生 Matina 前些日子就在詢問 Mingyur la 可否協助我們進行點化的儀式，Mingyur la 回答：「那就這個星期六上午十點吧！」

## 接受點化（Initiation）

當天，我起床時還迷迷糊糊的，一早就被臺灣師姊 Yeshe 提醒準備哈達，才稍微清醒，想起 Matina 應該沒時間去買哈達，穿著睡衣就下樓找她，要拿哈達給她，一見到 Matina，她已經梳妝打理好了，一副有

大事要發生般，相當的正經。她打開網頁，給我看滿滿的、非常長的英文資訊，跟我說：「這個叫龍欽寧體，是 Mingyur la 今天會傳承給我們的法脈！」我立即要了網址，相當慌張的衝上樓到房間，打開筆電搜尋，螢幕跳出來超多訊息，眼看十點就快要到了，這時想起 Yeshe 師姊前一天的提醒，她說：聽不懂沒有關係，不用特別去管儀軌，重要的是用心感受，放輕鬆！

我穿上白色棉質的連身衣裙、披上白圍巾，帶著白色的哈達，步入了佛法課的空間。Mingyur la 已經準備好迎接我們的到來，他將灰白的長髮豎起在頭頂上，緊緊的綁了一個髻，嚴肅莊重的態度跟平日溫和的狀態相當不一樣，大家都煞有其事般，整個空間薰香嬝繞其中。安頓入座後，Mingyur la 開始娓娓道來他求道相遇上師的故事，他的傳承是來自於尊貴的夏札仁波切，當時他是如何尋覓到上師，懇求上師傳法，歷經很多年的等待與強大的願力，才求得此法脈的傳承，這是 Mingyur la 第一次述說自己的故事，生命的經歷與求法的心切。

我身旁的 Matina 已經默默地流下了眼淚，而我也終於認識，在我面前的這位瑜伽行者在修行上續密（Tantra，續密，意思是心與心的傳承與相傳，也就是心連結到心）的經過。儀軌開始，Mingyur la 往四方朝向天際撒米，同時也要我們向四方撒米。接者，他翻開經文，念誦了起來，起初他念一段、翻譯一段，之後就進入了不斷地持咒與經文的念誦。我的意識就跟隨著經文念誦的音頻，進入了另一個軌道，深沉而穩定，儘管聽不懂，但內心相當震撼，心好像跟什麼連結上了，連起來了。

儀式很快就進行完畢，我們每人向 Mingyur la 獻上哈達，輪到我時，我將哈達獻給 Mingyur la，他將哈達繞在我的肩上，抱著我的雙頰，說著：From now on, you can practice，從現在起，你可以練習了。

此刻，心像是觸電一般，眼淚開始不聽使喚地流，原本還想克制自己，跑到一旁想要壓抑下這股即將爆發的情緒，沒想到一看到臺灣師姊 Yeshe，就直接撲向她的懷抱，她緊緊的抱著我，我也緊緊的抱著她，這時已經泣不成聲，很久很久沒有哭得如此透徹，完全無法控制，傾倒在 Yeshe 師姊的懷抱裡，我啜泣著說：「好像連上了……心連上了……」，Yeshe 說：「很好……很好，哭出來很好，你眞的很棒，你眞的很棒……要記得，完全不要委屈自己！」我腦袋一片空，無言以對。

儀式結束後，走在回程的路上，人還傻傻的，心裏好像被什麼東西給擊中一般。回到家中，吃完午餐後，我躺在床上繼續哭，拿起耳機，播放著楊定一博士當天上傳到網路的音頻，在啜泣中漸漸的入睡。但萬萬沒想到，我持續聽了兩年多的七十多集的線上共修音頻，每每楊博士都說：千萬不要把我當老師，你們才是自己的老師啊！今天卻是第一次聽到楊博士笑著說道：就當我是你們的老師好了，是我透過各種方式把你們給找回來的，而不是你們來找我的，一切都是顚倒的。在這個瞬間，我突然驚醒，心裡也只有滿滿的感恩，滿滿地頂禮，滿滿的愛。

就在同一天，我與兩位上師連上了心，感覺是心去找到了，心去連上的！

這一天，心好像等了好久，而重新跟源頭接軌上了。

淚水的洗刷，流不盡的眼淚，這不是難過的眼淚，也不是屬於任何情緒的眼淚，我無法定義，但就是讓任由它傾瀉，任由它釋放，我也無法控制！

說也奇特，當天上午在接受點化的過程中，腦海中也突然播放出爲何我會與楊定一博士相遇，我們是如何找到彼此的經過，彷彿這個點化的過程，在瑜伽行者念誦的頻率中，都是在幫助我憶起過去累世追尋上師的歷程。

## 與楊定一博士的緣份

二〇一六年曾受邀參加大愛電視臺的節目錄影，當時一步入現場，就感受到很不同於一般攝影棚的能量場，感覺到這個空間充滿了愛與喜悅，既放鬆又開放，我在休息區的木桌上隨手拿起一本書，是楊定一博士的新書《全部的你》，當下立即感受到心的震動，完全被這本書吸引住，雖然還不知道內容，但感受到深深的連結，我問工作人員為何桌上會有這本書，他們說：「喔！楊博士是上一位的受訪者，他剛剛才離開現場喔！」直到現在我都還可以回憶起當初現場留下來的生命場。

當天回到家後立即買了《全部的你》一書，而後又買了《神聖的你》，這本書陪伴了我開啟了書寫之路，以及書中提到的「心流」更是幫助了我完成不可思議的大活動，「野女人市集」跟「滿月音樂祭」，而後甚至在尼泊爾開啟了環保民宿 Ananda Tree House。

直到獲選為二〇一七年英國 BBC 全球百大影響力女性時，寫下的話：「內外合一，順應心流，擁抱美麗的內在循環，與大地母親同在，你將化不可能為可能」，這幾句話幾乎是拿著筆，未經思索，當下直接寫出來的。

二〇一八年決定開民宿時，壓力非常大，錢就像水一樣，每天不斷地流出去，每日早上我都聽著楊定一的音頻，試著穩定住自己，去信任宇宙不會犯錯，去臣服！籌備民宿期間，幾乎每日都碰到不開心的事情，樣樣都不如意，樣樣都可以怪罪，從合作夥伴、木工、打工換宿的青年、房東、頂讓的前房東，最想要怪罪的應該是自己吧！沒錢請設計，卻又有很多對於美和品質的堅持，那就只好樣樣都自己來，預算也就一直追加上去！

有天在路上走著走著，也就在路邊不由自主地哭了起來，突然間心裏踩了一個剎車，往後退了幾步，有個聲音突然浮出來：「大家都已經很努力了，大家都是在盡最大的力量在幫助這個計畫。」「這裏就是尼泊爾啊！交通不便，工人每日上工會遲到很正常啊！但他們每天還是來上工啊！合作夥伴已經很努力了，大家都沒有經驗啊！一切都是做中學。」這時眼淚止住了，原本抱怨的心轉爲感恩的心，也就破涕而笑了，最多也是在笑自己，居然有勇氣敢在尼泊爾二度創業！

## 不丹，不可思議的相遇

二度創業一年多後，有個機緣在二〇一九年的四月讓我帶團去不丹，這是一個夢想的國度，而且就在尼泊爾旁邊，答應接下這個工作最主要的原因是可以帶媽媽同行，就大膽地接下工作，宣傳簡章發出去後，一週就滿團了，一切是如此的順利。

有天幫團員安排傍晚的行程，有幸參與山上女尼寺院的晚課靜心。這間寺院剛完成爲期一百天的祈福法會活動，直到這一天才開放給少數遊客參訪。位於山頂上的寺院相當美麗，前往大殿的小徑上布滿著盛開的紅色玫瑰花，芬芳的香氣，邀請著四方信徒身心雀躍的前來禮佛。

五點一到，沉穩的鼓聲響起，衆女尼們開始了淨化人心的經文唱誦。我跟著團員們緩緩步入大殿，找尋位置坐下靜心，坐定位後，一眼就認出身旁的男性正是楊定一博士！頓時心中滿溢著驚奇與感恩，雙眼一閉，喜悅的淚水直流，伴隨著女尼的梵唱，我也進入了深沉的靜心品質。

再次張開雙眼，看見楊博士步出了殿堂，我順著心流，立即起身上前向楊博士表達心聲，過去三年以來，從《全部的你》一書，到生命全系列書籍，還有七十多集的線上讀書會的分享，對於我生命的影響，有著不可思議的轉化與提醒，直到今日，居然在不丹女尼寺院的唱誦聲中自然相遇！

楊博士給了我一個大大的擁抱，對我說了一句話：「專注，做好眼前的事，不用特別去計畫，生命自然帶著你走。」

## 實體與線上，一體兩面的教導

Mingyur la 瑜伽行者與楊定一博士的教導幾乎是一體兩面，一位從《入菩薩行論》解釋起，一位透過線上的唯識靜心共修，早晚帶動我和生命的意識場連結。使用的語言不同，卻是說著同一個生命的實相，眞實與源頭，彷彿這五個多月來的封城，宇宙千方百計的，不管是瑜伽行者親授的實體課、還是楊定一博士的線上教學，都是要我不斷的往內看，往內找。我經歷了一百八十多天，每日僅是待在自己的民宿，日日親自煮食著三餐，僅需要十分鐘的路程就可以到瑜伽行者家上課、再走回家，最多到頂樓看著星星、月亮、太陽、夕陽日落；這將近半年的週而復始的朝聖之旅，用最短的路徑來帶我看見。

眞的是如瑜伽行者所說的：是因爲學生已經準備好了，所以才被上師找到；是上師來找你們的，自己不用去找；楊定一博士也說：「是我把你們找回來的，信不信！」

# 4.

# 「尼泊爾封城記」聽見穀雨時分的龍吼

從春分到立夏，從新月到滿月；從三月二十四日無預警封城的新月，到五月迎來了第一個粉橘滿月，在逝去的五十天裡，我在加德滿都住處頂樓見證著天地之間的變化。

## 以曼達拉供奉春分到清明的豐盛與美

在 Ananda Tree House 頂樓的小天地，春分時先是白珠色的櫻花，連環帶砲似的一朵一朵精緻小白花，在枝上爆炸似的開得滿滿的。接著是七株不同顏色的九重葛，像是已經跟彼此報備般，每日接力的綻放出

不同顏色的花朵，有白粉色，粉橘，桃紅色，白綠色……松葉菊也讓我大開眼界，白天在太陽的照耀下會慢慢張開花瓣，晚上花瓣會自己關起來睡覺，就這樣一路開開關關整整一個月的花期！

Ananda Tree House 的員工們養了兩年的花草樹木，像是回報養育之恩一般，將最美的綻放在封城期間獻上，頂樓的小花園頓時變成了封城最佳棲地，這些頂樓的樹木花朵們及藥草植物，彷彿在兩年內變成好朋友，員工們和我都喜歡坐在頂樓喝茶賞花，同時話家常預言著哪些花明日會開喔！

平日出自客人及廚房的有機質剩餘，已變成黑色肥沃的土壤，民宿的員工也利用此機會將兩年堆積儲存的有機肥挖出來，剛好趁著封城的空檔，幫所有盆栽塡上新土，小小的生命循環已開始轉動了。

我個人的最愛是房前的紅粉撲花及白色鳶尾花。紅粉撲花就像是我的力量之花，前幾年，每次我要舉辦女人圈之前，總是會剛好在路邊與紅粉撲花相遇，及時讓我摘下幾朵，獻給女人圈。白鳶尾花則是我第一次在尼泊爾的花展買下的小盆栽，在地朋友說這種植物很難得見，幾乎是強逼我買下，沒想到當初的一小盆，經過幾年長成一大盆，開花及凋謝的時程大約落在一週左右，每次開花都是十幾朵上下，並且就在我房門前盛開，我一有空，忍不住就在出入時一一親吻每朵花。我結合了習自母親的花藝薰染和印度尼泊爾的水盆花藝術，不時將頂樓的花朵細心摘下，投入水盆中化成曼達拉（佛教用語，又稱曼荼羅）來供奉春分到清明的豐盛與美。

## 守護村落的瑜伽行者

當封城來到四月下旬穀雨時節，當地人說是雨季的前兆。每日傍晚，藍天瞬間烏雲密佈，從天空畫出閃電，聽藏族的朋友說，在藏文裡，閃電指的是龍的舌頭吐出火焰，而雷聲就是龍的吼叫。

我跟 Purna（Ananda 民宿領養的大黃狗）總是一起坐在頂樓的旋轉樓梯，爲遠方天空中的閃電所著迷，我想像著此時上空盤旋著龍，吐出火焰化作閃電，發出震耳的雷吼，每一道閃電的光在天空中交織成的光譜，震撼著我！我就這樣披上大毛巾，邀請雨落在身上，看著前方的閃電，聽著天空龍的吼叫，看著雨珠打落在嬌嫩的紅粉撲花、九重葛、鳶尾花上……世界頓時安靜了起來。

有回傍晚跟藏族房東及暫住在民宿的藏族房客阿古喝茶時，剛好下起了雨，天際上劃過閃電，此時大家的話題也進入高潮，阿古說，在家鄉 Dolpa（尼泊爾德爾帕地區）都有長年修行的瑜伽行者，而村子每年都會安排一～二位瑜伽行者負責看守天氣。在春耕播種時，若遠方開始出現極端氣候如狂風暴雨閃電或是下冰雹，這時負責看守村子天氣的瑜伽行者就會開始作法，念誦經文咒語，用手指朝天空一劃，前方的烏雲瞬間轉變方向，飄到另一邊的天空。我聽得一愣一愣的，阿古說，這對他們來說是相當稀鬆平常的事情，每年輪流守護春耕是瑜伽行者重要的工作喔！尤其下冰雹的季節特別需要防範，冰雹會壓壞細嫩的青稞及穀物，所以這時負責作法的瑜伽行者，像是在四方投下保護網般，爲村子帶來風調雨順，穀物豐收。

當天晚上，住在 Ananda Tree House 四樓的藏族房東太太請大家吃晚餐，她特別熬煮了紅薏仁粥，濃稠的紅薏仁粥拌了氂牛乾酪還有橙黃奶油，特別香濃，吃得大家直冒汗。這種紅薏仁來自房東老家 Lomanthang ,Mustang（木斯塘縣，位於尼泊爾與西藏邊境）位於海拔三千八百公尺以上，從前，只有過年前、春耕播種前，在祈請上天保佑的儀式上，才有機會吃得到，這次特別運來加德滿都熬煮成的紅薏仁粥，我當晚吃上了兩大碗，邊吃心裡邊想著，這會不會是在瑜伽行者作法保佑下，才收成來的穀物呢？

專欄文

# 簡樸又美麗的人們，下課後天空的雙彩虹

環顧我們上佛法課的場景：

有一個放在地上的小白板，幾支時常沒有墨水、要一直猛搖的麥克筆，每天下午都會斷訊的網路（尼泊爾每逢雨季，下午常斷電），透過 Zoom 遠端上課的學生，常常上課到一半畫面就消失了，瑜伽行者患有失智症的老媽媽 Amala，會在課程進行中走來走去，打斷課程，重複說著同樣的話，或者鬧脾氣等，不時出現各種狀況。

又因上課的空間有限，所以我們席地而坐，以塑膠椅小板凳充當桌子，而每日上課我坐的墊子，還是同住在此空間的藏文老師T每晚睡覺的床墊——他每晚就睡在客廳裡！

課堂中，總是有兩隻狗兒相伴，Dolma 是一隻很可愛受寵的白黑小狗，兩顆犬齒暴露在嘴巴外，每天嘴流著口水，總是窩在一旁鑽到桌子下睡覺陪伴我們上課。另一隻是 Bubby，大黃狗來著，平常在外面野放，跟她講話要講道理，要溫柔，藏文老師T總是會用溫柔的藏文，請 Bubby 來、坐下，或著是去外面玩，語氣很重要，若口氣很兇，她也懶得理你。

上課期間，適逢尊者達賴喇嘛八十五歲生日，我們上課到一半，一起上課的尼泊爾藏族女孩 Tenzin 將買好的甜點，細心裝盤給在場的每一個人，在每一個小盤上，我們分到了甜甜圈，巧克力蛋糕，還有一個不知

名的甜點。由於分食的人數眾多，大家分到的蛋糕就是小小的一塊，但每個小盤裡的食物都很平均。

這種蛋糕眞的是相當不起眼，充滿了黏膩奶油及罐頭櫻桃，但不知爲何，透過這種細心對待食物的心，拿來慶祝達賴喇嘛八十五歲生日的尋常蛋糕，因爲被愼重對待，似乎含著某種魔力，大家都吃得津津有味，我也覺得特別的珍惜，特別的好吃。

Tenzin 接著將紙巾對半撕，細心的將一半的紙巾傳給大家，給大家擦拭用。這種惜物，珍惜在有限的物資下的態度，深深的感動著我，就連只有半張的紙巾，都讓我有一種要好好使用，不能浪費的感覺，在這個家裏，每樣微小的物件，都被珍惜的使用。

而瑜伽行者就在這個也可以說是什麼都沒有，卻又什麼都好的空間裡，每日與我們分享著最珍貴的佛法寶藏，即使只是用塑膠凳子充當的桌子，卻寫出了打破我求學以來的紀錄——滿滿的筆記！

有天下課後，我順勢就直接坐在塑膠凳子上，Tenzin 立即指正我說：這是我們上佛法課的桌子，要保持尊重，不可以坐在上頭！

在這最簡樸的空間，讓我看見了簡樸美麗的人類，就如同某日課程結束後，下過雨的天空，突然出現了雙彩虹的霓，大夥連同瑜伽行者及失智的老媽媽，都跑到陽臺上一起看雙彩虹，如此的簡單，卻是無比的富足。

# 5.

# 「尼泊爾封城記」八十二天之後，雙手與意念的療癒共舞

在經歷了八十二天的尼泊爾封城之後，我到底領悟了什麼？為何我的生命之中需要經歷這些？之後的我會有什麼不同嗎？

一早起床，如往常的開始了早晨的靜坐。通常我都會在頂樓陽光下坐著，讓陽光灑透我全身，不過今日天空陰陰的，我選擇待在房間裡，面對大窗子看著窗外的天空開始了一天的靜心。

接著喝溫熱的水，播放楊定一的音頻，煮著奶茶，水滾著；用石頭打碎的薑末，倒入新鮮的牛奶，灑入香料及茶粉，一天的儀式便這樣開始了。

## 奧地利女性友人M

用完早餐後，我跟奧地利女性友人M——Ananda Tree House 的房客又預約了一次療程，這是封城期間，第三次請她協助調整我的身體。來自奧地利的女生M，是 Ananda 民宿裡唯二的住客，在同住了五十多天後，有天她才提起自己是一位物理治療師，原本的工作是跟隨名人，或著名的運動員旅行到各國去比賽，在旅途中協助他們做隨身的物理治療工作。由於這些名人都是所謂的「網紅」，而且去的都是很酷的地方，M小姐也對 IG 上癮了，曾幾何時，她也擁有無數的 follower（按讚者），每日會貼圖，精心經營她的帳號，可說是對於一個虛擬、創造出來的世界上癮。

某天M跟我從每日的佛學課走回家，我們特別繞到 Boudha 佛塔去看夕陽，爲世界上正在發生的疫情獻上祈禱。在路上M跟我說，她有天意識到這個帳號裡的人並不是她本身，而是她所創造出來的世界，她居然花了很多時間在經營一個「虛的世界」，所以在某一天，一一欣賞完每一個 PO 文及照片後，就把帳號給刪了。

## 久違的身體療程，去太空旅行般地釋放與整合

日前隨口請M協助我做身體療程，沒想到剛好遇上封城的最後一天。

上午十點半一到，我已經洗好澡，點上線香，鋪好床單，全身細胞又再次興奮的等待著療程的開始。

M問我：「你的身體需要什麼幫助？」

我頓時腦袋一片空白，也無法正確說出她需要什麼幫忙？若要仔細說，我的左大腿，右下腹部及右臉頰下臼及肩頸都有著一些緊。

M先調整了我的下腹部子宮卵巢的位置，接著將雙手移動到我的臍輪，子宮的位置，一手在身體正面，一手在身體背後，就任由我身體的重量壓在上面，跟著我的呼吸開始同頻。

M說：若你願意的話，我們可以練習懺悔（confession），向你的執著、貪念、慾望等進行懺悔。

接下來，M的雙手移動到我的太陽神經叢，肚臍的位置，M說：若你願意的話，讓我們跟卡在你身上的憤怒，卡住的情緒結點做懺悔……

我開始在心中默念：

請求所有卡住的情緒結點，從現在開始釋放！

請求過去卡住的情緒結點，此時開始釋放！

請身體一起合作，請求過去卡住的情緒結點，此時開始釋放！

最後，M的雙手來到了我的心輪。

M說：若你願意的話，讓我們跟心中的無知與愚昧，做一個深深的懺悔，並與我們的本初智慧做連結。

在連結的同時，她開始慢慢鬆動著我左半胸及右半胸靠近心臟的周圍肌肉，一邊推動著，鬆動的，我開始不由自主地大口深呼吸……

我一邊在心中觀想著：

身體的細胞請開始進行釋放及整合……

身體的細胞請開始進行釋放及整合……

身體的細胞請開始進行釋放及整合……

請整合一切，在封城期間所聽聞到的智慧，協助我進入身體細胞，幫助我運用到生活……請身體自動連結到祂的智慧，協助我進行淨化及整合！

這是我第一次感受到自己跟療癒師的共時及共同合作，她做她該做的部份，我做我該做的部份，而身體自然也做她該完成的部份。我在過程中像是去了太空旅行一般（Space travel），雖不知道身體到底進行了什麼變化，但可以感受了全身進入了一個深層的震動當中，每一個細胞都在微小的震幅之中搖晃……

結束之後，我有一個領悟。M將她在日日在佛法課所累積的智慧，加入了她的療程。而我也將我日日在佛法課所思維的智慧，隨著M的導引，從意念開始與M的雙手共同合作，誕生了這一場雙手與意念的療癒共舞。於是，身體與細胞開始整合中，我不再控制，讓身體的智慧自行運作。

## 慶祝尼泊爾解封大餐

Ananda 民宿裡唯二住客的另一位日本住客，則是一早就忙著煮食著「尼泊爾解封慶祝大餐」，有三種顏色的 Hummus 醬（以色列鷹嘴豆泥），搭配著全蕎麥烤餅。

一早，我也燉了甜菜根紅蘿蔔馬鈴薯湯，西班牙朋友，帶來了一大碗有機沙拉加上綠橄欖。奧地利女孩 M，在我的療程結束後，立即做了鷹嘴豆加馬鈴薯香煎薯塊。

看著這一切，新的朋友，新的因緣，一切都在因緣變化之中，聚聚合合。

我帶著封城八十二天的這個難以言喻的果，寫下了這一些字句，很難將它拼湊成一些意義，因爲也無法被解釋；加上更多的詮釋，好像又離眞實遠去。不過今後，我相信自己已有些不一樣了，而世界也將會不一樣了。

專欄文

# 最後一堂佛法課

我盤坐在瑜伽行者的面前，跟他道別，在語無倫次中述說著自己的感謝，伴隨著流不盡的眼淚。

瑜伽行者拿著白色的哈達，圍繞在我的肩上，額頭碰著額頭，雙手輕扶著我的雙頰，念誦著祝福及保護的梵咒……咒語的意義我不懂，但心好像懂了，流不盡的喜悅淚水，感受到心與心的相續與連結。

我在尼泊爾的最後一堂佛法課上，瑜伽行者溫柔的跟大家開示：若我必須說些什麼在最後，想要說的，也只能說的就是——離開是爲了更接近彼此，To leave is to come near.

放鬆在「覺」，放鬆在你的眞實本性，放鬆在自己……
Rest into the awareness, rest into your true self ,relax into you.

自我跟他人是沒有分別的，self and others no different.

不論你在找尋什麼，你就是你要找尋的，不用向外找，就像天空不需要去找天空一般！因爲你就是祂，你的身體是你修行的聖殿，修行是要快樂起來，喜悅起來，從心流出來的眞誠，就這樣，身口意自然形成最圓滿的六度波羅蜜。

你要找尋喜悅，你就是喜悅，
你要找尋佛性，你就是佛性，
你要找尋覺，你就是覺，

就像過去偉大上師所說的：
因爲太簡單你不相信，因爲太靠近所以你看不見……
It's too easy that you don't believe , it's too close that you don't see.
你就是你要找尋的自己，你就是祂。

修行也就是Happier to Happier，快樂起來，
一切都是圓滿的，明中有空，空裡有明。

課程的最後，我們一起唱誦迴向的梵咒：
願將我所習得的，學習到的，感動的，淨化的，喜悅與愛，都毫無保留的迴向給一切眾生，因爲我就是你，你就是我。
我就這樣帶著淚水，被瑜伽行者、被一起學習的道友們，用無盡的愛、溫柔與智慧，輕輕推著……送回了世界。

九月十日，二〇二〇寫於飛往台灣的上空

# 6.

# 在，生命的大僻靜

始於春分的新月，圓滿於秋分的半月。
生命中突如其來的大僻靜，就要結束了嗎？

再一天，我將見到離開許久的家人們，重新面對世間事。感覺就像是一眨眼從三月底跳開的世界直接就從九月下旬接上了一般，心中有點不捨那段跳開的時空所建立起來的舒適圈，但同時又期待著世間的考驗。對於我好像是一個旅程從開始進入到尾聲，一段一百八十多天陪伴自己的日子即將過去。

我回到臺灣了，居家檢疫進入第十四天，同時也是大地進入秋分的節氣。在這個晚上，月亮將進入半月，對應古籍《春秋繁露・陰陽出入上下篇》中說：「秋分者，陰陽相半也，故晝夜均而寒暑平。」日跟夜的能量各半，也就是陰性力量與陽性力量達到平衡。

這是我第一次感受到秋分的到來。前一天起床後，房間窗前的亞麻簾被風吹動了起來，帶入室內一股涼爽的空氣，我起身走向面對著大樹的陽臺，柔和的陽光取代了夏日的烈豔，風吹動著大樹窸窣作響，前幾日夜晚的雷雨聲，似乎是入秋後最後的閃電雨水在天空中交舞，整夜下不完的雨，一陣又一陣的巨響，是否在洗刷著二〇二〇年全球因疫情而帶來的轉化？我整夜輾轉難眠。

萬物初始，驚蟄雨落，大地所有的能量及作物都開始升起一個新循環的啟動，一個全新的生活型態及疫情下全球的挑戰，促使世界上各地的人們，不得不紛紛順應封城，回歸家中，面對自己的人生。

## 沒有計畫的計畫

從一開始以為只是一星期的封城，演變到了三月二十四日新月的這晚，尼泊爾進入全國的封鎖，而我也史無前例的感受到什麼叫做「沒有計畫的計畫」——沒有對外的交通工具，加德滿都國際機場全面關閉，出不去，也進不來；空蕩蕩的街道，剩下路邊的遊民與流浪狗，睡倒在路旁；棉樂悅事工坊的縫紉機，連大地震都不足以讓它長期停擺，在創辦七年過後，終於停止了運轉，工坊的婦女們回歸家庭及農田裡；Ananda Tree House 美麗的咖啡廳也熄了溫暖的燈光，隱沒在鐵捲門後的黑暗，靜靜的等待。

哪裡也去不了，讓我心中浮起莫名的恐慌。有這麼一刻，意識到無法再隨時飛往我想要去的地方，我的護照形同失效了，立即陷入恐懼與擔憂；在臺灣家人們爲我擔憂的心，彷彿都可以直接感受到，相當無能爲力。

而我最擅長透過飛行、透過轉換空間獲得喘息與自由的方式，也行不通了！以前，只要在一個地方待得不舒服，或覺得沒有新鮮感了、無法安住，就拿起護照，飛往下一個目的地，通常在三個月內出國一次，或遠行一次。

## 如樹應安住

在尼泊爾滯留的這段期間，幾乎是每個月都升起即將可以回家的心念，但封城又持續延長，機場又持續關閉，疫情從原本的三月的二個案例，演變成九月份全尼泊爾上萬人感染、每日幾百例起跳的數字。心念就一直這樣來來回回的。

過去五個多月的佛學課中，在學習正念與覺知的經文裡，出現過無數次相同的句子：「如樹應安住」——不管外在世界發生了什麼天搖地動的事情，你的心要如樹一般的，穩定扎根的安住在當下。不論是好天氣，壞天氣，和風煦煦的陽光下，抑或雷雨交加的風雨中，都可以「如樹應安住」。直到習得了不管外境世界發生了什麼事，內在要記得「如樹應安住」，這像是萬靈丹的一句話深深地幫助我，安住下來，指引我去把握機會，抓住生命的空檔，接受所謂「無所事事」的學習，去享受什麼叫做：

「我擁有的也只是此時此刻」，也就這樣的，慢慢可以放鬆下來了，潛入宇宙安排的大禮物——生命中的大僻靜，進入了「止」與「在」的學習。

## 所有的相遇，都是為了遇見自己

當一切都停止之後，我剩下什麼？當外在的世界都關閉後，也只能開始往內走。崎嶇險境的我執，反覆鬼打牆般的習氣，陰暗的角落特別愛找上我，我不得不去走一趟那些內心黑暗的小角落，與自己的一部份相遇。讓我長到三十八歲的生命，抑或生生世世，堅毅不拔的習氣與慣性，開始晃動了！

看見長滿了一身的習氣，是如何建立起如此堅毅的「我執」，這真的是我嗎？還是我被這個由習氣組成的「我」給捆綁住了？這一趟「與自己」的相遇，我等了好久；是否生生世世都存在著這樣的時機，只待被你自己看見；所有沿途上的風景，所有的相遇都是遇見自己！

我開始看見，雙眼也跟著清明了起來：

看見了房間窗外遠方的山頂，還有那棵與我相互凝視的松樹；

看見了每日夕陽黃昏時，群鳥和老鷹飛往西邊的山頭森林；

看見了花朵的綻放與凋零，重生與發芽；都是一樣的美，毫無分別；

看見了光影流似的瞬間，彷彿一切還沒有開始，也沒有結束。

過去，現在，未來，都在這一個點，這個當下。

我走過有史以來最壯闊瑰麗的內在風景。

## 此身最壯闊的朝聖之旅

不知道此生是不是還會再有這種奇特、從天而降的際遇，上天預定好的大僻靜。既不用費心的訂機票，不用擔心旅費，也不用繳簽證費，更不用去找上師，每日活動的範圍最多十～十五分鐘內搞定！

若是非要我說，這可以說是此身最壯闊的朝聖之旅。

不在喜馬拉雅山的山頂上，
不在上師的洞穴裡，
不在世界遺產、名勝古蹟，
不是一個國度又一個國度的造訪，
不是一趟趟飛往天際的流連忘返，

而僅是在尼泊爾 Boudha 區，從我自己開的 Ananda Tree House 民宿到前往佛法課瑜伽行者家的十分鐘路程。每日上完課程，慢慢散步回家，跟著狗兒 Anna、Purna 一起衝到頂樓陽臺，看著夕陽放空一小時，腦袋被 unload，被解構，被消除，被清空。

瑜伽行者說：不是 reload，是 unload；不是去發現，而是去找到。

# 6.

# 留學夢

從小有一個夢想，就是出國讀書。

小六時自己找留學的資料，甚至打電話給代辦中心，請他們來家中跟父母介紹關於留學的事。爸媽問：是誰約他們來的？我說：是他們自己找上門的。

國中的數學家教為了鼓勵我，送我兩本介紹世界知名學校的精裝書籍，十四歲時，父母按捺不住我想要出國的心，為我安排了一趟加拿大遊學之旅，當然一去就更不想回臺讀書了，想逃離臺灣的教育、到國外求學的種子一直都在。

這次我在尼泊爾經歷長達半年的封城，開啟了意外的、沒有安排的安排、留學生涯的展開。

從二〇二〇年三月底開始到九月初，總共接受了：
近半年的佛法課，三個月的女性領導與月經覺知線上課程，一個月的唯識早晚靜心，讓我深深潛入學習的喜樂，順著心，自然去接觸想要親近的知識。

有天在佛學課程中，看著自己的筆記，察覺我已經在實現兒時的留學夢：
沒有特定的學校——地點只是在瑜伽行者 Mingyur la 家中的小客廳。
沒有學費——頂多買一些糌粑，新鮮奶油及蜂蜜，供養瑜伽行者和行者的老母親。
沒有文憑——多一張紙又有何益處？心知道就好。

不過倒是有好同學，也可以說是道友：
日本的舞踏藝術家 Motoya，奧地利的身體療癒者 Matina，在泰國教英文的美國青年，隨後又加入了一位秘魯人，還有一位來自臺灣的師姊 Yeshe——她尤其時常協助我解惑，在課堂上一有聽不懂的藏文，Yeshe 都可以立即寫出藏文、英文、中文三語對照的佛學用字，協助我學習。

課堂上所需的要用品，也神奇的自然到位：
一本朋友送的無印良品的空白筆記本，日本朋友送的《入菩薩行論》藏文版，中文版《入菩薩行論》是 Yeshe 幫我送印，再請瑜伽行者寫上書籍封面的美麗藏文字跡，親自在課堂上送給我的。

原來我的留學夢已成眞，只是自己一開始還不知道；覺察後，同時也就放下了心中長久的夢，知道自己已經活出了夢，實現了夢，只是它呈現的方式，完全超乎我的想像與意料之外。

後記

# 山海合一，來自太平洋的洗禮

二〇二一年仲夏，我在臺灣新冠疫情爆發之初，移動到台東海岸線，住進朋友家的芭蕉森林裡，這是一處面海的小山坡地，位於成功小馬天主堂聖山的山林。沿著緩緩的坡上山，會先途經面海的水田，站在森林的入口處，可眺望綠島及太平洋。

走入這片由芭蕉林包圍的隱密之地，彷彿打開了奇幻之門，森林家屋的溫暖黃光映入眼前，狗兒熱情奔向你打招呼，貓兒慵懶的躺在藤椅上懶得理人，而穿梭在芭蕉林中的母雞帶著剛出生的小雞們，邊走邊跳的散步、啄食著掉落在地的芭蕉串。蝴蝶繞著紅色的扶桑花紛飛，盤繞在家屋門前的金銀花雅致的香味撲鼻與前一晚升起營火的木材灰燼草木味，交織成森林獨特的氣息，此時聽見大冠鳩的啾啾叫聲，抬頭望見兩隻冠鳩盤旋在湛藍的天際之中。

主人們花了多年時間親手蓋起來的木屋，最讓人喜愛的是用石頭砌起來的擋土牆，這種依循古老工法的石牆相當少見，主人凱力說當時花多很多功夫才請到原住民老師傅答應幫忙砌石牆，老師傅當年已經超過七十歲了，他親自帶著主人將一顆又一顆東海岸的石頭搬運到山中，推砌成美麗樸實的石牆，守護著母地的家屋。我睡在二樓的木屋房，屋頂開了一處小天窗，夜裡月光灑進滾入被子中的我，入夜後有時一抬頭可望見銀河星系，伴著山羌叫聲、海浪聲，沉沉入睡。

在仲夏雷雨的夜晚，一打雷整個空間都在雷光中震撼著，這種直接體驗雷電交加的場面，讓我不知所措的害怕了起來。但由於夜裡的天光秀實在難得，我試著放開緊縮的身體，進行深呼吸長吐氣的練習，帶領自己臣服於閃電與雷吼之中，看著閃電打入太平洋後，過了幾分鐘再聽見巨大的雷聲被釋放到地表裡，我整個人跟著天地一起被震動著、晃動著。

生活在與大自然韻律共處的環境，也特別能感受到新月的黑暗與滿月的光明。在接近滿月的日子裡，森林家屋的主人小孩與村民們特別興奮期待著海邊的月光海，火紅的月亮從海面緩緩升起，一股又漲又滿的情緒也被牽引著，而我的月經循環恰恰也來到了排卵的時節。感覺到自己像是再次陷入戀愛了一般，周圍發生的人事物都特別的清晰與充滿活力，我看見了花朵綻放的美，也看見動植物凋零枯萎後死亡的美，美麗在循環之中，生老病死皆是平等。在這裡，人與山海萬物交織出像是詩一般的生活。

## 回到母地，腳踏泥地

在台東的日常生活裡，我時常去友人的田裡玩耍，姑且稱呼她爲「神農」。
神農種植的是依循自然農法的稻米。她常說：做了我們該做的事之後，就交給神來照顧吧！

神農的田地，位在海岸線八嗡嗡的山間上，後方有著森林小溪，前方可望見三仙台及成功鎭蜿蜒的海岸線。美麗的大片梯田間坐落著幾個巨大的石頭，像是在天地之間的藝術品般屹立不搖，其中我最愛的一顆巨石，私下稱呼它爲巨石鯨媽媽。這顆巨石面向太平洋，若要爬上它「需要小攀岩一下，手腳並用爬上粗糙的礫石面，一坐到巨石鯨媽媽身上，可望見無比開闊的視野，全身可以感受到烈日曬入石頭裡的溫暖，從海底輪暖上心來。

神農夏季上工的時間，從清晨四、五點天剛亮開始，此時的天空是粉紫色交織而成的幻化雲彩，天光從雲中照耀到海平面，整面海面閃爍著金光，連緜到剛完成手插秧的水田上，與水田中折射的光影相互輝映。

我總是趁著太陽尚未升起之際，手腳笨拙的爬上了巨石鯨媽媽，張開雙眼迎接晨曦，剛升起的金光映入瞳孔，我喜歡一早看著晨光，開始一天的靜坐與梵音的練習，以這樣的方式開啟一天之流，彷彿今天還沒有過完，就已經被充滿了，眞的是幸福啊！完成晨間的儀式後，便準備好自己，將雙腳踏入泥地之中，協助神農田地的工作，這個仲夏，在沒有計畫的計畫之中，我參與了補田埂、直接播種、撒播種子、手插秧苗、撿福壽螺等從來沒有做過的農事工作，這是我生平第一次如此緊湊精實的僞農婦生活體驗，相當的享受及喜歡呢！與其說是協助神農，不如說是神農放縱我這位務農素人進入田地裡玩耍吧！在從事農務的過程中，深深的體會到腳踩泥地、被濕潤的泥巴浸透，是如此的溫暖與療癒人心。

我最喜愛的農事之一是——拾福壽螺，拾螺人必須要在田裡緩慢的移動，若移動太快，會濺起水花及泥土，影響水田裡的能見度，當然也就看不見螺了，必須很慢很慢的移動雙腳，同時聚精會神的定位螺的位置，由於撿一隻就是一個彎腰起身的動作，身體一直上上下下地彎腰的話，腰部眞的會很痠痛，所以一次要定位多隻一點。我一邊緩慢的在田間移動，一邊細膩的撿起螺來，搭配著呼吸，觀想著撿一隻螺，就斷一個念頭；如此不斷地在呼吸之中妄念、斷念，再搭配身體的動作，在很放空的狀態中，不知不覺撿拾了上百隻的螺。

大概也因為神農的工作節奏都抓得恰到好處，有時累了就直接休息吃點心，或收工回家洗澡吃飯，沒有勉強身體的過勞，而是時時保持覺知的勞動著以及適時的放鬆、按摩、瑜伽與泡湯。這樣的勞動方式，在大量流汗之後，身體自然放鬆想休息，作息居然變成晚上八點多在打哈欠，清晨五點左右就會自然起身，常常跟友人開玩笑說是住在神農精舍生活教改所，對我的身體產生大大的助益。回想起那段務農的日子，生活中習氣與身體使用的慣性，都在轉變中，每天都是全新的體驗，真是太不可思議了。

神農又說了：不要做心累的事情！

身體的累修復得很快，好好洗個澡，吃一頓充滿能量的食物，睡一個好覺就可以恢復了！但心累卻是相當消耗能量，大腦堆積膨脹著思緒，無法放鬆在本來的自己。

我想起瑜伽談的是身與心的合一，透過在田間的日子，如實的感受到與身體的合作以及勞動完後的爽快與充實。謝謝這片東海岸的母地，這是一片眾神祝福之地，也見女神農用修行的心，勞動的身體，與天地共同合作，耕耘出大自然的厚禮，身體能吃到如此珍貴的米，備受滋養，肅然起敬。

## 纏繞腰布帶的智慧——尼泊爾婦女的教導

在田間工作期間，同時讓我憶起了尼泊爾婦女們的教導，她們總是在腰間纏繞著腰布帶，也時常把鐮刀啊、錢啊，這些東西放在腰帶裡，有一回她們拿出大布巾，要我張開雙手，挺起身子，婦女們把長布巾一圈又一圈的纏繞在我的腰間骨盆上，教導我當女人工作時纏繞腰布帶，藉由這個將下腹部綁緊的動作，幫助女人穩定身體的核心力量，在勞動時保護身體的背部及腰部，同時又可以保暖子宮的部位，雖然老早在尼泊爾習得纏腰帶的智慧，但總是沒有機緣把這個智慧用上。

如今站在東海岸的水田上，我也送了一條手織藍染的長布巾給神農，用尼泊爾婦女的手法幫她纏起了腰布帶；當女人束起腰布帶走入泥地之中，任由汗水浸透著，在勞動之中，核心力量是穩定的，我居然在台東的水田裡與喜馬拉雅山腳下的女農們產生了深深的連結與感謝，也將這個纏繞腰布帶的智慧帶給了家鄉山海的女神農。

我從自己身體的勞動之中，體會了尼泊爾婦女們的身體，我穿著尼泊爾在地製作的長襬棉質上衣 kurta，綁著腰布帶與頭巾，赤腳站在泥地裡，憶起了喜馬拉雅山女人的教導，她們多半是在勞動中生活著，在插秧種稻的季節裡，村落婦女們一身傳統服飾的紅，在水梯田之中歡樂的唱著歌，創造了手插秧季節裡獨特的節奏與韻律，原本土色的大地，開始點上了一撮撮的秧苗綠，譜成山中一階又一階美麗壯觀的梯田，住在台東時突然羨慕起這樣的生活，女人們，一起種植的文化，一種細緻與天地共創的豐盛啊！

# 感謝誌

獻給世界的書籍

感謝我的父母將我誕生於地球

感謝我的弟弟（和富）與妹妹們（秀蘋與林琳）

感謝我的地球道友（有恆）

感謝我的上師，楊定一博士，Mingyur la, Yeshe la

因爲你們的教導，讓我得以探究眞實，在此深深的頂禮。

感謝尼泊爾喜馬拉雅山脈與可愛的人們，山上布衛生棉工坊的婦女們，

總是有著強大的熱情推動著我前進，並提供源源不絕的現煮香料奶茶。

感謝臺灣母地的海岸山脈與太平洋，東海岸森林裡那幫迷人的村民們與女神農，

與山海之間，來到我生命面前所共振的因緣聚合。

感謝我的好友張瓊齡，沒有你對於書稿的編輯潤飾與支持陪伴，我一人無法成就。

感謝詩蓤，在西門町路邊的夜晚聽聞我要出書，苦無出版社，立即幫我牽線允晨出版社。

感謝允晨發行人志峰大哥，居然相約五次 Fika Fika Cafe，也就誕生了這本書。

最後再次感謝 Yshes la 是她告訴我：所有的相遇，都是爲了遇見自己這句話！

衷心祝福這本書行旅於世界之中，流經到需要的人手中，而這人就是正在閱讀的你。

生活美學A011

# 女，走往身體的朝聖

## —女性覺醒，社會創業，正向月經

作　　者：林念慈
發 行 人：廖志峰
執行編輯：簡慧明
校　　對：張瓊齡
美術編輯：劉寶榮
法律顧問：邱賢德律師

出　　版：允晨文化實業股份有限公司
地　　址：台北市南京東路三段21號6樓
網　　址：http://www.asianculture.com.tw
e - mail：ycwh1982@gmail.com
服務電話：(02)2507-2606
傳眞專線：(02)2507-4260
劃撥帳號：0554566-1

登 記 證：行政院新聞局局版臺字第2523號
印　　刷：中茂分色製版印刷事業股份有限公司
裝　　訂：聿成裝訂股份有限公司
初版日期：2022年3月


定價：新台幣399元
ISBN：978-626-95679-1-1


國家圖書館出版品預行編目資料

女,走往身體的朝聖—女性覺醒，社會創業，正向月經
/ 林念慈著. -- 初版. --
臺北市：允晨文化實業股份有限公司, 2022.03
面；　公分. -- (生活美學；A011)
ISBN 978-626-95679-1-1(平裝)
1.CST: 林念慈 2.CST: 臺灣傳記
3.CST: 日用品業 4.CST: 月經

783.3886　　111002187

The pilgrimage path toward
women's body

,

The pilgrimage path toward
women's body